国际政治经济学研究丛书

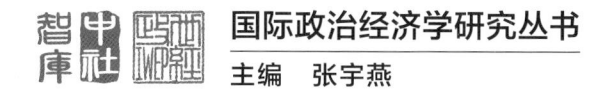

主编 张宇燕

Cross-border Institutional Matching, Outward FDI and China's Upgrading in Global Value Chains

跨境制度匹配、对外投资与中国价值链升级

李国学 著

中国社会科学出版社

图书在版编目（CIP）数据

跨境制度匹配、对外投资与中国价值链升级／李国学著．—北京：中国社会科学出版社，2021.10

（国际政治经济学研究丛书）

ISBN 978-7-5203-9192-4

Ⅰ.①跨… Ⅱ.①李… Ⅲ.①对外投资—直接投资—研究—中国 Ⅳ.①F832.6

中国版本图书馆 CIP 数据核字（2021）第 187662 号

出 版 人	赵剑英
责任编辑	黄 晗
责任校对	刘 娟
责任印制	王 超

出　版	中国社会科学出版社
社　址	北京鼓楼西大街甲 158 号
邮　编	100720
网　址	http://www.csspw.cn
发 行 部	010-84083685
门 市 部	010-84029450
经　销	新华书店及其他书店
印　刷	北京明恒达印务有限公司
装　订	廊坊市广阳区广增装订厂
版　次	2021 年 10 月第 1 版
印　次	2021 年 10 月第 1 次印刷
开　本	710×1000　1/16
印　张	13.25
字　数	166 千字
定　价	69.00 元

凡购买中国社会科学出版社图书，如有质量问题请与本社营销中心联系调换
电话：010-84083683
版权所有　侵权必究

总　序

张宇燕[*]

为了繁荣和发展中国哲学社会科学，2016 年中国社会科学院推出了"登峰计划"，力求重点打造一系列优势学科。世界经济与政治研究所承担了两项优势学科建设任务，国际政治经济学便是其中之一。将国际政治经济学作为研究所优势学科之一加以建设，主要出于三点考虑：其一，在经济与政治相互作用与融合越发深化的世界中，以经济学视角看待政治，以政治学视角看待经济，或是以政治经济学视角看待世界，实乃大势所趋，而且也是发挥世界经济与政治研究所优势的有效途径；其二，当今世界的许多大事，比如全球治理、打造新型国际关系、构建人类命运共同体等，都需要有跨学科的，特别是政治与经济相结合的理论探讨与政策手段；其三，研究所有一批熟稔世界经济和国际政治的专家学者，他们在各自的研究领域内都取得了不小的学术成就。

[*] 作者系中国社会科学院学部委员，世界经济与政治研究所研究员、所长。

国际政治经济学并不是一个新学科。长期以来，它作为国际政治学或国际关系学的一个重要分支存在了数十年，其基本研究路径是以政治学和历史学为基础对国际或全球经济问题加以研究。近年来，越来越多的学者以经济学，特别是经济学中的政治经济学理论来分析国际政治或国际关系，并尝试在此基础上发展出一门新的学科分支——国际政治经济学。今天的世界和今天的中国一方面从昨天走来，另一方面又与昨天有显著的不同。一度势不可当的全球化如今进入崎岖的历史路段便是一例。面对新形势，形成以马克思主义为指导，有中国特色的国际政治经济学，对身处中华民族伟大复兴新时代的中国专家学者而言既是机遇，更是责任。

在众多国际政治经济学可以施展的研究领域中，对"一带一路"建设的研究应该是最能发挥其独特优势的领域了。"一带一路"建设既是研究我国改革发展稳定重大理论和实践问题的主攻方向之一，也是发展中国理论和传播中国思想的重要依托。这一点可以从"一带一路"建设的五大内容——与政治经济均高度相关的"五通"——中得到充分反映。自2013年"一带一路"倡议提出以来，中国一直大力推进并且取得了一系列积极成果，其国际声势也达到了前所未有的高度。当前，中国经济发展进入新时代，外部经济环境不确定性明显增多。为了今后更好地推动"一带一路"建设，实现全球共享发展，对"一带一路"的战略意义、目标设定、实施手段、风险规避等都需要进一步思考。为此，我们将重点关注"一带一路"等重大问题，深入探讨新时代中国与世界的互动关系，并将陆续出版优势学科建设的成果，不断推动国际政治经济学的理论进步与学术繁荣。

上面提到的一些综合性、全球性议题的不断出现，也自然而然地把世界经济和国际政治学者聚拢到了一起。参与世界经济与政治研究所国际政治经济学优势学科建设的研究人员，主要来自国际战略研究室、国际政治经济学研究室和国家安全研究室的研究人员。作为世界经济与政治研究所国际政治经济学优势学科的负责人，同时作为本丛书的主编，在此我特别感谢读者的关注，也希望读者提出批评与建议。

2019 年 2 月

序：对外直接投资在经济学谱系中的位置与意义

经济学的核心问题在于探究财富增长的机理并用以改进人类福祉。导致经济增长的直接且根本的原因在于劳动生产率的提高，也就是单位时间内劳动产出的增加。引起生产率提高的基本途径主要有两个，其一是技术进步，其二是独立于技术进步的贸易。直接导致生产率提高的技术进步和来自贸易的收益，都和生产过程中的分工与专业化密不可分，而分工与专业化程度则取决于市场规模大小，简单说就是参与生产和交换活动的人数众寡。市场规模的边界则取决于减弱或消除不确定性，给行为体提供奖惩激励，降低交易成本的制度安排。以上所述大致构成了一个关于经济增长逻辑或过程架构的完整叙事。

如果把市场规模进一步细分，便有了国内市场和国际市场。仅就国际市场而言，由于各国的自然禀赋、发展阶段和生产要素各有特点，并彰显出各自的绝对优势和比较优势，潜在的或机会的国际分工收益便出现了。不同国家的经济增长绩效，此时就和对外开放度或国际市场参与度密切相关了，因为国际市场参与度高低直接影响到一国参与国际分工后所得贸易收益的多少。参与国际分工的主要途径为贸易与投资，后者又可分为吸引外资和对外投资两种。鉴于各国为维持经济活动运转而设立了各自的制度安排，故各国的制度差异往往成为鼓励或阻碍贸易与投资的杠杆，并创造出获利机会或租金。随着分工日益深化与细密，各国获取国际分工收益也越来越依赖于制度安排。这一样以来，贸易与投资便有了两类不同性质的基础：基于要素差异的潜在国际分工收益，基于制度差异的潜在国际分工收益。随之我们就有了基于要素的贸易与投资和基于制度的贸易与投资。前者与后者的直接主体分别是厂商和政府。

任何厂商或政府一旦进入国际市场，它便获得了特定产品或产业链条上的一个特定位置，并获得所在产业"链节"上或产业"链段"内的分工收益。由于要素差异和制度差异的存在，不同国家的厂商处于产业链的不同节点上或区间内，因而获得的分工收益大小各异。作为追求自身利益最大化的行为主体，厂商与政府均会充分利用要素差异或制度差异来维持并拓展国际分工收益。通过教育投入提升人力资本，通过研发带动创新，通过扩大生产求得规模收益，通过改进制度稳定预期降低交易成本或人为制造租金等都是可以采用的，事实上也是经常被采用的手段。在具体实施过程中，提升自己的产业链位势往往被视为一个广义的收益改进途径。而实现此类改进的手段之一，便可能是一国厂商对外进行直接投资。

论证对外直接投资产生的逆向技术溢出有助于母国或母国厂商提升其在全球价值链的分工地位，正是李国学副研究员的《跨境制度匹配、对外投资与中国价值链升级》一书关注的焦点。本项研究的一个亮点在于"以制度环境与生产环节的匹配为切入点，探讨制度环境约束下中国对外直接投资促进价值链升级问题"。作者的分析框架建立在国际贸易投资理论和制度经济学基础之上，以不同国家或地区制度环境差异形成的不同竞争优势为分析起点，通过对外直接投资"在全球范围内进行跨境制度匹配"，证明中国企业能够凭借从事高附加值环节的生产来推动中国竞争优势动态升级。由此引申出的政策含义是，政府通过适应性改变制度环境来鼓励厂商走出去不失为明智之举。

阅读初稿过程中我的受益还包括由此引发的一些思考，特在此提出来与作者和读者进行探讨。首先是对全球价值链（或供应链或产业链）的理解。谈及"链"，人们通常想到的往往是有先后顺序的、单一方向的、存在尽头或终结点的、环环相扣的序列。或许更准确的描述是全球价值树，因为"树"既有环环相扣和向上延展的含义，还有循环往复的意思。根干枝叶各有其不可替代性，果实开启的更是一个新的生长周期。对教育这一服务品的"消费"，反过来又会成为创新的源泉。其次是对全球价值链（为讨论的方便在此仍用"链"）中各环节相对重要性的理解。如果把价值链上各链节的相对重要性转化为"权力"，同时考虑到获取这种权力需要资源投入，那么最大化一国或某一厂商国际分工收益的策略就转换成了最大化其权力指数，表现为以最少的投入获取与投入多者同样大的权力。目标函数变了以后，政策或策略亦会随着改变。最后是对制度环境的理解。在绝大多数情况下，国际制度以及对己国而言的他国制度都是非中性的。国家间的博弈，尤其是大国间围绕主导权的博弈，其焦点之一便是制定并运用于己有利的制度抑制打压竞争对手。鉴于国际制度具有强烈的工具性质，进行"跨境制度匹配"操作时，对制度的甄别和明智巧妙利用就显得格外必要了。

将制度经济学引入国际分工或全球供需链研究，在中国学术界并不多见。考虑到国际经济领域的独特性，包括主权国家林立没有世界政府以及国家间存在激烈的主导权之争，国际经济问题研究最恰当的分析工具大概就是包括制度经济学在内的广义政治经济学了。李国学这本新著恰是沿着这一很有前途的研究方向扎实迈进的一项成果。这也正是我欣然接受邀请为这样一本学术著作写一篇序言的主要原因。

张宇燕

2021年2月20日

目 录

第一章 引言 ……………………………………………… (1)
 第一节 问题的提出 ………………………………… (1)
 第二节 文献综述 …………………………………… (6)
 第三节 本书研究的思路和结构 …………………… (21)
 第四节 创新之处及其不足 ………………………… (25)

第二章 制度比较优势、跨境制度匹配与对外直接投资 ……… (29)
 第一节 制度基础理论 ……………………………… (29)
 第二节 全球生产网络的主要特征及其制度依赖 ………… (35)
 第三节 制度对价值链升级的影响 ………………… (43)
 第四节 跨境制度匹配引致的对外直接投资 ……… (48)

第三章 制度质量与国际投资模式选择 ……………… (55)
 第一节 基本假设 …………………………………… (55)
 第二节 利润函数 …………………………………… (58)

第三节　国际投资模式选择 …………………………………… (61)

第四章　对外直接投资与国内制度变迁 …………………………… (83)
　　第一节　对外投资与国家利益战略互补推动的制度变迁 …… (83)
　　第二节　东道国"合规性"要求引致的国内制度变迁 ………… (93)
　　第三节　国际投资协议要求的制度变迁 ……………………… (98)

第五章　开放式创新、对外直接投资与华为公司管理
　　　　　模式变革 ……………………………………………… (107)
　　第一节　开放式创新及其制度依赖 …………………………… (107)
　　第二节　开放式创新与对外直接投资 ………………………… (111)
　　第三节　对外直接投资与华为管理模式变革 ………………… (120)

第六章　中国对外直接投资的区位和产业分布 …………………… (129)
　　第一节　中国对外直接投资区位分布 ………………………… (129)
　　第二节　中国对外直接投资产业分布 ………………………… (132)
　　第三节　中国对不同类型经济体同一产业投资比较分析 …… (134)

第七章　对外直接投资与价值链升级实证分析 …………………… (145)
　　第一节　价值链升级指标选择 ………………………………… (145)
　　第二节　模型设定 ……………………………………………… (148)
　　第三节　模型选择和结果分析 ………………………………… (150)

第八章　国际经济规则重塑与制度型开放路径选择 ……………… (157)
　　第一节　制度型开放面临的问题 ……………………………… (157)

第二节　国际经济规则重塑的理论基础……………………（163）
第三节　制度型开放的具体措施……………………………（169）
第四节　结论性评论…………………………………………（179）

参考文献……………………………………………………（181）

后　记………………………………………………………（196）

第 一 章

引　言

20世纪90年代以来，在各种优惠政策推动下，中国融入以跨国公司为主导的全球生产网络。在全球生产网络中，中国成为利用外资和出口大国，但也陷入了"低端锁定"的困境。本章在综述相关文献基础上，从跨境制度匹配及其对外直接投资引致的制度变迁视角，提出了对外直接投资促进价值链升级的理论分析框架，并阐述了本书的创新之处、学术价值及其现实意义。

◇ 第一节　问题的提出

改革开放以来，中国逐步形成了全方位、多层次、宽领域的对外开放格局。在这种背景下，凭借人口红利、税收和土地优惠以及外资"超国民待遇"等有利条件，中国承接了从日本和亚洲"四小龙"转移过来的劳动密集型产业或资本、技术密集产业的劳动密集加工环节，融入了全球生产网络，加工制造能力得到了大幅提升，成为名副其实的"世界工厂"。

在传统出口导向和利用外资发展模式下，全球价值链上研发、设计、品牌、营销等高附加值环节两头在外，不但抑制了中国现代服务业发展空间，而且跨国公司通过技术标准抑制了装备制造业发展。由于国内生产厂家按照国外技术标准和国外消费需求进行生产，它们选择从国外采购模块化的技术和机器设备，原本服务于国内生产的装备制造业失去了赖以支撑的市场基础，研发和技术更新因投入得不到补偿而丧失了技术追赶机会。与此同时，东部地区对相对优势不足的中西部地区产生了"挤出效应"，不但消耗了中西部地区的能源和矿产资源，而且吸引了中西部地区的资本和劳动力，抑制了西部地区的发展。在这种发展模式下，中国所处生产阶段呈现高消耗、低技术和低附加值的特征。

在全球价值链上，与EA19、EU28、OECD和G20平均水平相比，中国出口国内附加值比率相对较低。根据TiVA数据库计算，从国家层面看，除了2009年、2014年、2015年和2016年以外，中国出口国内附加值比率都低于80.00%；2005—2016年，英国、日本和美国出口国内附加值比率均值分别达到83.63%、86.86%和88.87%，巴西和俄罗斯也分别达到了89.39%和90.28%。从区域层面看，EA19和EU28出口国内附加值比率在2005—2016年均超过了80.00%，同期OECD和G20出口国内附加值比率也达到90%以上，如表1—1所示。

表1—1　　　　世界主要经济体出口国内附加值比率　　　　单位：%

年份	中国	英国	日本	巴西	美国	EA19	EU28	俄罗斯	OECD	G20
2005	73.73	85.70	89.82	88.83	89.24	85.80	89.59	90.06	93.62	95.63
2006	74.10	85.02	87.76	89.06	88.60	84.34	88.38	90.68	92.60	94.97
2007	75.23	85.06	86.79	89.55	88.30	84.01	88.24	90.65	92.39	94.95
2008	77.05	83.37	84.82	88.99	87.10	83.26	87.27	89.61	90.91	94.25
2009	80.51	84.09	89.08	91.74	90.57	85.74	89.18	89.50	92.81	95.22

续表

年份	中国	英国	日本	巴西	美国	EA19	EU28	俄罗斯	OECD	G20
2010	78.92	82.55	87.84	90.40	88.95	83.34	87.23	90.31	91.50	94.55
2011	78.26	81.23	85.70	90.31	87.27	81.80	85.99	90.59	90.04	93.95
2012	79.16	81.20	86.05	89.37	87.59	81.46	85.70	91.29	90.04	93.80
2013	79.65	82.03	84.83	88.65	88.54	82.16	86.48	91.12	90.46	93.96
2014	80.47	83.72	84.19	88.47	88.82	82.55	87.09	90.62	90.88	94.33
2015	82.68	84.92	86.77	87.48	90.52	83.15	87.85	89.20	92.11	95.31
2016	83.35	84.64	88.62	89.78	90.96	83.55	88.37	89.77	92.92	95.78

资料来源：OECD TiVA database。

在全球生产网络中，中国国际分工地位相对较低，高技术产业尤其如此。GVCs位置指数研究表明，中国在全球生产链中的分工位置较低，1995—2009年中国制造业分工地位变化呈"L"形或"V"形曲线；产品技术复杂度指数测算结果表明，中国制造业增值能力比较靠后，不但显著落后于美国、日本等发达国家，甚至落后于中国台湾、阿根廷等国家和地区[1]。此外，虽然中国是高技术产品出口大国，但国内附加值却很低。根据TiVA数据库计算，计算机、电子和光学产品出口的国内附加值比率明显低于所有行业平均水平。

在全球生产网络下，中国的人口红利也日渐消失。与发达国家不同的是，中国社会未富先老迹象显现。在2001年，中国65岁及以上

---

[1] 周升起、兰珍先、付华：《中国制造业在全球价值链国际分工地位再考察——基于Koopman等的"GVC地位指数"》，《国际贸易问题》2014年第2期；王岚：《融入全球价值链对中国制造业国际分工地位的影响》，《统计研究》2014年第5期；岑丽君：《中国在全球生产网络中的分工与贸易地位——基于TiVA数据与GVC指数的研究》，《国际贸易问题》2015年第1期；刘斌、王杰、魏倩：《对外直接投资与价值链参与：分工地位与升级模式》，《数量经济技术经济研究》2015年第12期。

老年人口占比达到7.1%，按照联合国标准正式进入老龄化社会，而当年人均GDP仅为1041.6美元，不及德国、英国和加拿大的5%，仅为美国和日本的3%左右。除了人口老龄化以外，中国劳动力成本也不断上涨。国家统计局相关数据显示，2010年以来，中国城镇单位就业人员年平均工资从2010年的3.7万元增至2018年的8.2万元，除了2014年和2016年以外，中国城镇单位就业人员平均货币工资增长率都维持在10%以上，尤其是2010和2011年平均工资指数分别达到了113.3和114.4，如表1—2所示。

表1—2　　　　城镇单位就业人员年平均工资总额及其指数　　　　单位：元

年份	城镇单位就业人员平均工资（元）	城镇单位就业人员平均货币工资指数（上年=100）
2010	36539	113.3
2011	41799	114.4
2012	46769	111.9
2013	51483	110.1
2014	56360	109.5
2015	62029	110.1
2016	67569	108.9
2017	74318	110.0
2018	82413	110.9

资料来源：2010—2018年《中国统计年鉴》。

与此相反，在全球生产网络中，以越南为代表的东南亚国家对中国产生了"挤出效应"。除了土地、劳动力等要素成本优势以外，越南与欧盟、日本、韩国和俄罗斯等经济体签订了12个自贸协议，而且越南也是CPTPP的成员国。虽然越南与美国没有签署双边自由贸易协议，但美国每年给越南出口一定额度的增长。在调研中我们发现，受中美经贸摩擦影响，越来越多的外资企业将生产环节迁移至越南，甚至日本和中国台湾企业在中美经贸摩擦爆发的五年前就开始在越南布局生产。

正如《2014—2015年全球竞争力报告》所述，中国已不再是一个廉价的、劳动密集型产品的生产地了，中国正在成为更具创新性的经济体，但还不是创新强国。在既无法在工资方面与低收入国家竞争，又无法在尖端技术研制方面与发达国家竞争的情况下，中国如何提升其在全球生产网络中的地位呢？为了改变中国在全球生产网络中的现状，中国政府积极实施"走出去"战略。党的十八届三中全会明确提出"扩大企业及个人对外投资，确立企业及个人对外投资主体地位，允许发挥自身优势到境外开展投资合作"。那么，中国政府如何通过对外直接投资促进国内价值链升级呢？

本书的学术价值在于可以在一个统一的理论分析框架下解释国际直接投资在发达国家和发展中国家之间的双向流动。虽然本书所提出的基于生产阶段与所需制度环境匹配视角的国际直接投资理论，主要用来分析发展中国家对外直接投资，但我们也可以用这一理论分析框架来研究发达国家对外直接投资。该理论分析框架打破了传统的发达国家和发展中国家对外直接投资理论的二分法。此外，本书所提出的对外直接投资理论，不仅从制度视角解释了国家间生产力异质性来源，分析了发展中国家陷入价值链低端锁定的原因，也提出了发展中国家企业走出低端锁定的路径选择。

本书的现实意义在于可以为国际经济规则重塑提供理论参考，还可以为发展中国家走出"低端锁定"困境提供政策建议。由于我国大部分企业缺少核心技术、知名品牌等高附加值环节必需的要素，它们在全球生产网络中被"低端锁定"。随着"人口红利"的逐渐消失，我国"世界工厂"地位也面临严峻挑战。如何通过对外直接投资促进中国价值链升级是当前亟待解决的问题。本书从制度与生产环节匹配视角研究价值链升级问题，对中国如何跨越"中等收入陷阱"，以及制度型开放政策设计都具有重要的参考价值。

◇第二节 文献综述

现有文献主要从全球价值链升级的基本内涵及其测度，对外直接投资促进价值链升级的理论逻辑，对外直接投资逆向技术溢出效应，对外直接投资促进价值链升级的实证研究等方面对该问题进行了深入的分析和探讨。

一 全球价值链升级的基本内涵及其测度

目前，国内外文献从不同角度阐释了全球价值链升级的内涵，但在全球价值链测度方面仍存在较大争议。

（一）全球价值链升级的基本内涵

随着交通和通信技术的发展以及贸易和投资便利化措施的推进，国际生产领域出现了垂直专业化，一个企业可能只从事全球生产链条上的某一环节或工序的生产。在这种情况下，跨国公司重新调整了企业边界，只保留了契约化程度较低、核心的生产环节或任务，把契约化程度较高、非核心的生产环节或任务外包。在新的国际生产方式下,母公司、子公司、合资公司、供应商、承包商、分销商以及战略联盟伙伴依据各自的优势进行互补性国际分工,最终形成了一张遍布全球的网络[1]。

一般说来,全球生产链可以被划分为三大环节:其一是技术环节,包括研究与开发、创意设计、生产及加工技术的提高和技术培训等分环节;其二是生产环节,包括后勤采购、母板生产、系统生产、终端加工、测试、质量控制、包装和库存管理等分环节;其三是营销环节,包括销售后勤、批发及零售、广告及售后服务等分环节[2]。

在全球生产链上,我们过去划分产业的标准也发生了变化。传统的国民经济统计习惯于把产业划分为第一、第二、第三产业,如今全球生产链横跨了这三个产业,即使在每一环节内部也存在着产业交叉现象;要素密集度也不能真实地反映产业升级的真实情况,如今劳动力密集型产业中也有高科技生产环节,高科技产业也有劳动密集型生产环节。基于全球生产网络的上述特征,一些学者从产品生产视角提出了工艺升级、产品升级、功能升级和跨产业升级[3];另一些学者从产业体系视角提出要素间升级、产业间升级、需求升级、功能性活动升级和前后向关联升级[4]。

在全球生产链上,产业结构升级内涵发生了显著变化。在全球生

---

[1] 李国学、张宇燕:《资产专用性投资,全球生产网络与我国产业结构升级》,《世界经济研究》2010年第5期。

[2] 金芳:《国际分工的深化趋势及其对中国国际分工地位的影响》,《世界经济研究》2003年第3期。

[3] Humphrey, John and Hubert Schmitz, *Governance and Upgrading: Linking Industrial Cluster and Global Value Chain Research*, Vol. 120, Brighton: Institute of Development Studies, 2000.

[4] Ernst, Dieter, *Global Production Networks and Industrial Upgrading: A Knowledge - Centered Approach*, Working Paper, No. 25, East - West Center, Honolulu, the United States, 2001.

产链上，生产的含义已不再局限于传统的制造过程，而被看作一个广义的增值过程，其价值构成主要有要素投入创造的原始价值、组织租金、关系租金、品牌租金以及贸易保护所带来的租金等①。在价值创造和占有方面，上游的研发环节和下游的品牌营销环节附加值相对较高，而中间的制造环节附加值较低，这也就是所谓的"微笑曲线"。因此，在全球生产网络中，国际间产业梯度转移就演变为价值增值环节的梯度转移，全球价值链升级主要体现为从低附加值的生产加工环节向高附加值的研发和营销环节转移。

（二）全球价值链升级的测度

在产品内分工条件下，生产环节同时兼具有物理属性和价值属性。从物理属性角度来说，产品和服务生产过程表现为上下游企业之间的垂直专业化分工，以及序列化生产下的前后向联系。从价值属性来说，产品和服务生产过程又表现为要素原始价值、组织租金、关系租金、品牌租金以及贸易保护所带来的租金等价值创造过程。

与生产环节的物理属性和价值属性相对应，现有文献中全球价值链地位的测度方法就被划分成了两大类：上游度指数（Upstreamness）和全球价值链位置指数（GVC_Position）。

在全球生产链上，一国某部门产品在达到最终需求之前可能会经历数个生产阶段，运用递归方法，就可以得到一个生产阶段的上游度指数②。一般说来，上游度指数较高则生产阶段在全球生产链上扮演了

---

① Henderson, Jeffrey et al., "Global Production Networks and the Analysis of Economic Development", *Review of International Political Economy*, Vol. 9, No. 3, 2002.

② Fally, Thibault, *Production Staging: Measurement and Facts*, Boulder, Colorado, University of Colorado Boulder, May, 2012.

原材料或中间投入品供应商角色。与上游度指数相关的另一个指数是平均位置，即一个国家各生产阶段产值与其到最终需求的生产阶段数相乘并加总，再除以总产出，就得到国家在全球价值链上的平均位置①。但是，正如字面意思所示，上游度指数和平均生产阶段只是描述了生产阶段距离最终品的远近和生产链的长度，没有刻画出其价值特征。

全球价值链位置指数（GVC_Position）的前提假设是，一国出口产品中所包含的外国生产的中间品占比与本国全球价值链地位变化方向相反，其计算公式为：GVC_position1 = ln（1 + IV/E）- ln（1 + FV/E）。其中，E 表示本国出口额，IV 表示本国出口到进口国用于生产第三国所需产品的间接出口附加值，FV 表示一国出口中的外国附加值。IV/E 小于 FV/E 说明本国更多地进口原材料或中间品，居于全球价值链下游。反之，IV/E 大于 FV/E 说明本国向其他国家更多地出口原材料或中间品，位于全球价值链上游②。但是，这一指标没有区分原材料和中间品的异质性，那些自然资源丰富而研发水平较低国家的全球价值链地位指数可能会被高估，而那些自然资源贫乏而研发水平较高国家的全球价值链地位指数可能会被低估③。

由于 GVC_position1 只是通过 IV/E 和 FV/E 的差（由于 E 相同，IV/E 和 FV/E 的差实质上也就是 IV 与 FV 的差）表达了一个上下游的相对位置，无法明确地表示这一生产阶段与上下游的联系。于是，现有文献中又通过引入前后向联系，在前后向联系的比较中定位生产阶

---

① Antràs, Pol et al., "Measuring the Upstreamness of Production and Trade Flows", *American Economic Review*, Vol. 102, No. 3, 2012.

② Koopman, Robert et al., *Give Credit Where Credit Is Due: Tracing Value Added in Global Production Chains*, No. w16426, National Bureau of Economic Research, 2010.

③ 尹彦罡、李晓华：《中国制造业全球价值链地位研究》，《财经问题研究》2015年第11期。

段所处位置[1]。修改后的全球价值链位置指数为：$GVC\_position2 = PLx\_GVC/[PLy\_GVC]$。

但是，上述指标仍然无法准确地指导价值链升级的动力和方向。全球价值链地位指数高（低）就意味着获得的附加值高（低）吗？答案并不唯一。例如，虽然能源、普通矿产资源等生产阶段在全球价值链中的位置指数较高，但未必这一生产环节所获得的附加值就高。另外，根据驱动力量不同，全球价值链可以划分为生产者驱动和购买者驱动这两种类型，生产者驱动型全球价值链的价值创造更多地集中于研发和设计，而购买者驱动型全球价值链价值创造主要源自品牌和营销[2]。也就是说，全球价值链中的地位与实际价值链控制及其价值的获取能力并不完全等同。

二　对外直接投资促进价值链升级的理论逻辑

对外直接投资可以通过研发要素溢出机制、学习竞争机制、研发成本分摊机制、研发成果反馈机制等途径获得逆向技术溢出。通过对外直接投资，跨国公司可以将自身所拥有的各种要素与发达国家相关研发要素进行结合[3]，海外子公司可以学习和模仿东道国同类企业或科研机构的研发行为，在与它们协作与竞争中提高研发能力[4]。除了

---

[1] Wang, Zhi et al., *Characterizing Global Value Chains: Production Length and Upstreamness*, No. w23261, National Bureau of Economic Research, 2017.

[2] Gereffi, Gary, "International Trade and Industrial Upgrading in The Apparel Commodity Chain", *Journal of International Economics*, Vol. 48, No. 1, 1999.

[3] 李蕊：《跨国并购的技术寻求动因解析》，《世界经济》2003年第2期。

[4] 刘伟全：《我国OFDI母国技术进步效应研究——基于技术创新活动的投入产出视角》，《中国科技论坛》2010年第3期。

获得研发要素以外，对外投资企业避免了盲目研发的风险，与东道国企业共同研发也节省了部分研发费用，从而运用少量资本在短期内获得技术先进国家长期的研发成果①。母公司在对海外子公司所获得知识、技术消化吸收基础上进行二次创新，并通过示范效应和竞争效应促进国内其他企业技术进步②。这些文献更多地关注了对外投资企业技术能力提升，而较少关注对外直接投资对母国产业结构优化的影响。

对外直接投资逆向技术溢出又可以通过技术结构、产品供求结构和劳动力流动等途径促进母国产业结构优化。当一个行业通过对外直接投资获得了逆向技术溢出以后，生产技术变化将带来产品和要素市场供求结构变化③，产业关联效应又带动上下游产业原有技术结构变化④。此外，根据配第—克拉克第一定理，技术进步带来的收入差异吸引劳动力从低收入产业向高收入产业转移，资本和技术密集型产业将从中获得更多收益，进而带来本国产业结构优化⑤。这些文献只是探讨了对外直接投资的技术溢出和产业结构优化效应，没有进一步分析对外直接投资如何提升一个国家在全球生产链上的竞争优势。

在产品内分工条件下，对外直接投资所建立的国际生产联系为一个国家或地区竞争优势提升奠定了基础。在产品内分工条件下，国际生产联系是获取知识和技术溢出的重要途径。发展中国家跨国公司通

---

① 孙建中：《技术获取型对外直接投资的选择》，《生产力研究》2004 年第 8 期。
② 赵伟、古广东、何元庆：《外向 FDI 与中国技术进步：机理分析与尝试性实证》，《管理世界》2006 年第 7 期。
③ 赵继荣：《关于技术进步与产业结构关系的思考——兼析产业结构调整中存在的几种认识误区》，《求索》2000 年第 4 期。
④ 张晖明、丁娟：《论技术进步、技术跨越对产业结构调整的影响》，《复旦学报》（社会科学版）2004 年第 3 期。
⑤ Clark Colin, *The Conditions of Economic Progress*, London: Macmillan & Co. Ltd., 1940.

过对外直接投资与价值链上其他企业建立起联系（Linkage），放大（Leverage）自身优势，并通过学习（Learning）获得它们所缺乏的技术、管理和专有知识等战略资产，这就是所谓的"L-L-L范式"[1]。"L-L-L范式"可以说是传统战略资产寻求型对外直接投资在价值链升级中的应用与扩展，但是这些文献没有进一步分析在外国获取的战略资产是如何增进母国在高附加值环节的比较优势的。

对外直接投资可以通过边际产业转移和跨国并购促进要素禀赋结构优化。由于创新是知识资本和人力资本密集型生产活动，从要素驱动、投资驱动向创新驱动经济发展方式转变，需要进一步优化一国可以利用的要素禀赋结构，提升诸如知识资本及其专用性人力资本等高级生产要素在总生产要素中的比例。随着边际产业转移，企业可以把创新活动密集、附加值较高的生产环节留在国内，而将非熟练劳动力、能源和矿产资源密集的生产环节配置到经济发展阶段较低的其他发展中国家，从而把原来投入低附加值生产阶段、产能过剩领域的人力、土地、资金等资源配置到知识资本和人力资本密集、附加值较高的生产环节。子公司在发达国家获得的前沿技术、知识和管理经验又可以反馈回母公司，从而提升母公司技术研发能力和母国知识资本存量[2]。尽管这一理论阐述了对外直接投资逆向技术溢出对要素禀赋结构优化的作用，但没有关注企业家才能这种特殊要素在对外直接投资和价值链升级中的作用。

对外直接投资与企业家才能的良性互动进一步增进了动态比较优势。在全球生产网络中，基于廉价劳动力、能源和矿产资源等初级要

---

[1] Mathews, John A., "Dragon Multinationals: New Players in 21st Century Globalization", *Asia Pacific Journal of Management*, Vol. 23, No. 1, 2006.

[2] 李国学：《贸易战的理论逻辑及其应对：全球生产网络视角》，《学海》2019年第5期。

素参与国际分工的国家，往往面临着"低端锁定"和"比较利益陷阱"的困境。企业家所拥有的专业知识和技术诀窍促进了生产要素和生产环节在全球范围内优化配置，对外直接投资又进一步拓展和提升了企业家才能，即基于对外直接投资形成的动态比较优势可以通过企业家才能的拓展而具有"双重性""互补协同性""内生性"特征[1]。这些文献只是从要素禀赋结构和动态比较优势角度分析对外直接投资对高附加值环节竞争优势提升的影响，但是忽视了全球生产链上互补性分工合作在国家竞争优势提升中的作用。

对外直接投资通过国际生产联系促进了区域竞争优势决定因素整合，构建起区域竞争优势的"钻石模型"。国家竞争优势理论认为，竞争优势来源于要素条件、需求条件、相关产业和辅助产业、企业战略结构和竞争方式等四个基本因素，以及机遇和政府两个辅助因素[2]。国际生产联系不但扩大了一国要素供给和市场需求空间，重塑了企业战略结构和竞争方式，而且促进了不同生产环节、相关产业和辅助产业整合，进而提升了区域竞争优势。对外直接投资直接或间接地影响了"钻石模型"中的各个因素，进而影响了一个国家的竞争优势[3]。

三 对外直接投资逆向技术溢出效应

从理论上说，对外直接投资逆向技术溢出效应是促进母国价值链升

---

[1] 张小蒂、贾钰哲：《全球化中基于企业家创新的市场势力构建研究》，《中国工业经济》2011年第12期。

[2] Porter, Michael E., "The Competitive Advantage of Nations", *Harvard Business Review*, Vol. 68, No. 2, 1990.

[3] 李国学：《外向FDI、产业链延伸与我国产业结构升级》，《中国市场》2012年第42期。

级的重要途径。那么在实践中对外直接投资是否促进了逆向技术溢出呢？

(一) 对外直接投资逆向技术溢出的存在性

为了验证对外直接投资逆向技术溢出的可能性和合理性，国内外学者主要借鉴 C-H 模型和 L-P 模型所提出的技术溢出计量方法，实证检验了对外直接投资对全要素生产率（TFP）或专利等指标的影响。

外国大部分文献研究表明，对外直接投资逆向技术溢出效应显著。日本对美国直接投资研究发现，日资企业倾向于通过合资形式，投资于研发密集产业，以获取高额业务和分享美国企业技术[1]。日本制造业企业对美国直接投资的逆向技术溢出效应，不但提高了公司技术水平，而且通过传导机制促进了母国技术进步[2]。基于 1971—1990 年美国、日本、德国等 13 个国家相关数据，贸易、对外投资对母国逆向技术溢出效应的实证检验结果表明，对外直接投资存在逆向技术溢出效应，能够促进母国技术水平（全要素生产率）进步[3]。1990—2000 年英国公司对美国直接投资数据分析表明，对外直接投资与公司技术创新（专利）正相关[4]。此外，印度、意大利、瑞典、爱沙尼

---

[1] Kogut, Bruce and Sea Jin Chang, "Technological Capabilities and Japanese Foreign Direct Investment in the United States", *The Review of Economics and Statistics*, Vol. 73, No. 3, 1991.

[2] Branstetter, Lee, "Is Foreign Direct Investment A Channel of Knowledge Spillovers? Evidence from Japan's FDI in the United States", *Journal of International Economics*, Vol. 68, No. 2, 2006.

[3] Potterie, Bruno Van Pottelsberghe de la and Frank Lichtenberg, "Does Foreign Direct Investment Transfer Technology Across Borders?", *Review of Economics and Statistics*, Vol. 83, No. 3, 2001.

[4] Griffith, Rachel, Rupert Harrison and John Van Reenen, "How Special Is the Special Relationship? Using the Impact of US R&D Spillovers on UK Firms as a Test of Technology Sourcing", *American Economic Review*, Vol. 96, No. 5, 2006.

亚等国的实证检验也得出了类似结论①。

国内大部分文献就中国对发达国家直接投资的相关研究也基本上支持了上述结论。基于专利度量（专利总量、发明专利数、实用新型专利数、外观设计专利数）的技术创新能力研究表明，对外直接投资短期内对专利总量、发明专利数、实用新型专利数有促进作用，但在长期内仅对外观设计专利有促进作用②。基于全要素生产力度量的技术创新能力研究表明，对外直接投资通过技术获取和效率提升增进了全要素生产率，尤其是对外直接投资引致的效率提升对全要素生产率影响尤为显著③。

但是，还有一小部分文献研究表明，对外直接投资逆向技术溢出效应较小或者不显著。1973—2000年17个OECD国家的10个制造行业数据分析表明，对外直接投资不但没有促进技术进步，反而在一定程度上抑制了技术进步④。中国对外直接投资增长率与技术进步的

---

① Vahter, Priit and Jaan Masso, "Home Versus Host Country Effects of FDI: Searching for New Evidence of Productivity Spillovers", *Applied Economics Quarterly*, Vol. 53, No. 2, 2007. Falzoni, Anna Maria and Mara Grasseni, *Home Country Effects of Investing Abroad: Evidence from Quantile Regressions*, Working Paper No. 170, Centre for Knowledge, Internationalization and Technology Studies, Università Bocconi, Milano, Italy, 2005. Pradhan, Jaya Prakash and Neelam Singh, "Outward FDI and Knowledge Flows: A Study of the Indian Automotive Sector", *Institutions and Economies* Vol. 1, No. 1, 2017. Braconier, Henrik and Karolina Ekholm, *Foreign Direct Investment in Central and Eastern Europe: Employment Effects in the EU*, Working Paper No. 161, Centro Studi Luca d'Agliano, University of Milano, 2002.

② 刘明霞：《我国对外直接投资的逆向技术溢出效应——基于省际面板数据的实证分析》，《对外经济贸易大学学报》（国际商务版）2009年第4期。

③ 赵伟、江东：《ODI与中国产业升级：机理分析与尝试性实证》，《浙江大学学报》（人文社会科学版）2010年第3期。

④ Bitzer, Jürgen and Monika Kerekes, "Does Foreign Direct Investment Transfer Technology Across Borders? New Evidence", *Economics Letters*, Vol. 100, No. 3, 2008.

VAR 模型脉冲响应分析表明，二者之间存在一定的同步关系，也存在一定程度的相互影响，但由于行业分布不均等因素，OFDI 逆向技术溢出并不显著[1]。基于 LP 模型的中国 1985—2006 年相关数据研究表明，由于统计数据缺乏以及行业分布不均，对外直接投资虽然存在逆向技术溢出效应，但影响较小且不显著[2]。基于 CH 模型的中国 1984—2008 年相关数据研究表明，对外直接投资对我国技术水平提升没有起到促进作用[3]。

（二）对外直接投资逆向技术溢出的影响因素

除了对外直接投资逆向技术溢出效应存在性研究以外，现有文献还对逆向技术溢出的影响因素进行了实证研究，其考虑的因素涉及东道国研发资本存量、母国与东道国技术差距、母国技术吸收能力等。

外国相关文献发现，在研发存量丰裕的东道国直接投资的逆向技术溢出效应较为显著。由于先进技术和知识更多地集中在发达国家，跨国公司通过在研发存量丰裕国家或地区投资，直接获取技术或间接吸纳技术溢出[4]。对以美国为东道国的跨国公司研究发现，外国公司使用当地知识比美国本土企业还频繁，如德、法、英、意和韩等国企

---

[1] 邹玉娟、陈漓高：《我国对外直接投资与技术提升的实证研究》，《世界经济研究》2008 年第 5 期。

[2] 白洁：《对外直接投资的逆向技术溢出效应——对中国全要素生产率影响的经验检验》，《世界经济研究》2009 年第 8 期。

[3] 林成杰、刘天善：《我国 FDI 和 OFDI 技术溢出效应的实证检验》，《技术经济》2011 年第 1 期。

[4] Jaffe, Adam B., Manuel Trajtenberg and Rebecca Henderson, "Geographic Localization of Knowledge Spillovers as Evidenced by Patent Citations", The Quarterly Journal of Economics, Vol. 108, No. 3, 1993.

业通过吸收美国技术溢出改变了母公司技术严重不足的状况[1]，母公司又通过逆向技术溢出效应提升了技术创新能力，尤其是在生物技术、电子等研发密集型产业表现更为突出[2]。对以英国为东道国的制造业外国投资研究表明，外国跨国公司获得了技术溢出效应，但技术溢出局限于英国研发密集型产业且受产业空间集聚影响[3]。

国内文献也得出了类似的结论。中国对研发要素丰裕国家和地区直接投资显著地提升了我国全要素生产率，东道国研发支出、人均国民收入以及国内生产总值是影响对外直接投资逆向技术溢出效应的重要因素[4]。基于对外直接投资与中国全球要素生产力的灰色关联分析表明，中国全要素生产力与来自新兴市场国家（地区）、发达国家（地区）的逆向技术溢出关联度较强，而与来自其他发展中国家（地区）的逆向技术溢出关联度则较弱[5]。

尽管大部分研究都表明对外直接投资，尤其是对发达国家直接投资存在技术溢出效应，但技术溢出对母国技术进步的贡献还取决于母国的吸收能力。其中，吸收能力最主要的影响因素是人力资本、研发投入以及与东道国的技术差距。对外直接投资逆向技术溢出受到母国

---

[1] Almeida, Paul and Bruce Kogut, "Localization of Knowledge and the Mobility of Engineers in Regional Networks", *Management Science*, Vol. 45, No. 7, 1999.

[2] Serapio Jr, Manuel G. and Donald H. Dalton, "Globalization of Industrial R&D: An Examination of Foreign Direct Investments in R&D in the United States", *Research Policy*, Vol. 28, No. 2-3, 1999.

[3] Driffield, Nigel and James H. Love, "Foreign Direct Investment, Technology Sourcing and Reverse Spillovers", *The Manchester School*, Vol. 71, No. 6, 2003.

[4] 赵伟、古广东、何元庆：《外向FDI与中国技术进步：机理分析与尝试性实证》，《管理世界》2006年第7期。

[5] 欧阳艳艳：《中国对外直接投资逆向技术溢出的境外地区分布差异性研究》，《华南农业大学学报》（社会科学版）2012年第1期。

人力资本和国内研发水平等因素的双重制约，而且国内研发投入不足对逆向技术溢出产生的阻碍作用更大[1]。更详细地说，技术差距与逆向溢出之间呈非对称的"U"形关系[2]，逆向溢出效应随技术差距降低和门槛值以上人力资本的提高而上升，只有在技术差距较小时人力资本对逆向技术溢出效应的影响才显著[3]。总之，只有当研发强度、人力资本和技术差距等主要影响因素超越了"门槛"水平时，对外直接投资才能促进母国全要素生产力提升[4]。

除了东道国研发水平和母国技术吸收能力以外，知识产权保护和国际投资模式也影响着对外直接投资逆向技术溢出效果。绿地投资和跨国并购是最重要的国际投资模式，不同投资模式的技术获取效应也存在差异。实证检验表明，跨国并购对专利的长期和短期影响均为正，而且影响显著，但绿地投资对专利的影响为负[5]。作为创新激励的重要途径，知识产权保护也影响着对外直接投资的逆向技术溢出。母国知识产权保护与研发的协同作用能显著促进中国技术进步[6]，东道国良好的产权保护机制，完善的经济市场体制可以通过对外直接投

---

[1] 李梅、柳士昌：《国际R&D溢出渠道的实证研究——来自中国省际面板的经验证据》，《世界经济研究》2011年第10期。

[2] 刘明霞：《中国对外直接投资的逆向技术溢出效应——基于技术差距的影响分析》，《中南财经政法大学学报》2010年第3期。

[3] 刘明霞、刘林青：《人力资本、技术差距与OFDI逆向技术溢出效应》，《中国地质大学学报》（社会科学版）2011年第5期。

[4] 李梅、柳士昌：《对外直接投资逆向技术溢出的地区差异和门槛效应——基于中国省际面板数据的门槛回归分析》，《管理世界》2012年第1期。

[5] 茹运青、孙本芝：《我国OFDI不同进入方式的逆向技术溢出分析——基于技术创新投入产出视角的实证检验》，《科技进步与对策》2012年第10期。

[6] 姜巍、吴燕君：《我国知识产权保护对OFDI逆向技术溢出效应的影响》，《科技与经济》2012年第5期。

资逆向技术溢出效应促进中国技术进步①。此外，由于中国东、中、西部地区经济发展水平存在区域差异，资本和人力资本更多地向经济发达的东部地区聚集，对外直接投资技术溢出效应在中国存在地区差异。其中，东部地区技术溢出效应最为显著，中部次之，西部最弱②。

四 对外直接投资促进价值链升级的实证研究

现有大部分文献都认为，对外直接投资有利于促进全球价值链地位提升。基于生存分析模型的研究表明，对外直接投资降低了企业退出全球价值链的风险，延长了企业参与全球价值链的持续时间，有利于促进发展中国家企业通过工艺升级、产品升级、功能升级和链条升级来不断攀升至全球价值链高端环节③。但是，就不同经济水平国家而言，发达国家对外直接投资更能够促进母国全球价值链地位提升，发展中国家对外直接投资对母国参与全球价值链活动的影响存在两面性，中国对发展中国家直接投资，尤其是央企对外直接投资更能够提升中国在全球价值链中所获得的附加值④。

对外直接投资对不同行业价值链地位提升的影响也不尽相同。中国对外直接投资显著提升了高技术制造业全球价值链分工地位，但对

---

① 蔡冬青、刘厚俊：《中国OFDI反向技术溢出影响因素研究——基于东道国制度环境的视角》，《财经研究》2012年第5期。

② 沙文兵：《对外直接投资、逆向技术溢出与国内创新能力——基于中国省际面板数据的实证研究》，《世界经济研究》2012年第3期。

③ 王杰、段瑞珍、孙学敏：《对外直接投资与中国企业的全球价值链升级》，《西安交通大学学报》（社会科学版）2019年第2期。

④ 余海燕、沈桂龙：《对外直接投资对母国全球价值链地位影响的实证研究》，《世界经济研究》2020年第3期。

低技术制造业和中低技术制造业全球价值链升级没有产生显著影响①。对外直接投资与全球价值链升级灰色关联分析表明,二者关联度从大到小依次为技术密集型的科学研究和技术服务业、劳动密集型的制造业和批发零售业、资源密集型的采矿业、金融服务业、电力、热力、燃气及水的生产供应业②。

对外直接投资还能够显著地提高企业在全球价值链体系中的"分工地位"。基于对外直接投资和世界投入产出表等数据的实证分析表明,对外直接投资具有"价值链升级效应"。就投资类型而言,多分支机构和研发加工型对外直接投资更有利于企业价值链升级;就投资区位而言,对发达国家直接投资有利于产品升级,对发展中国家直接投资有利于功能升级③。

东道国经济发展水平也影响着对外直接投资促进价值链升级的效果。以中国为例,对中、高收入国家直接投资提升了国内制造业全球价值链,尤其是对中等收入国家直接投资的拉动作用更加明显④。基于灰色关联理论分析表明,中国对外直接投资一定程度上促进了全球价值链地位的提升,对外直接投资区位与价值链升级关联度从高到低依次为新兴经济体及其他发展中国家、资源丰裕型国家和发达国家⑤。

---

① 李超、张诚:《中国对外直接投资与制造业全球价值链升级》,《经济问题探索》2017年第11期。

② 迟歌:《中国对外直接投资对全球价值链升级的影响研究——基于灰色关联理论的实证分析》,《工业技术经济》2018年第5期。

③ 刘斌、王杰、魏倩:《对外直接投资与价值链参与:分工地位与升级模式》,《数量经济技术经济研究》2015年第12期。

④ 李超、张诚:《中国对外直接投资与制造业全球价值链升级》,《经济问题探索》2017年第11期。

⑤ 迟歌:《中国对外直接投资对全球价值链升级的影响研究——基于灰色关联理论的实证分析》,《工业技术经济》2018年第5期。

总之，现有文献基本上认为对外直接投资有利于促进全球价值链升级，但在逆向技术溢出的实证分析方面，由于在数据来源、技术溢出测度以及影响因素选择等方面存在差异，现有文献还没有得出一个统一的结论。尽管如此，大多数文献还是认为对外直接投资存在逆向技术溢出，或者在一定条件下存在显著的逆向技术溢出。

尽管上述文献从不同角度阐述了对外直接投资是如何促进逆向技术溢出、国家竞争优势提升和价值链升级的，但较少从理论层面分析制度在价值链升级中的作用。事实上，在产品内分工条件下，资产专用性投资风险暴露更高；中间品交易使不完全契约问题更加突出；不同生产阶段的"超模"特性在提高生产力的同时也进一步放大了制度环境对国际生产的影响，全球生产链对制度环境依赖程度更强。

◇第三节 本书研究的思路和结构

一 理论框架

根据不同企业对全球生产链控制程度不同，我们可以把全球生产网络成员划分为领导厂商、高层级供应商和低层级供应商。领导厂商和高层级供应商一般拥有自主性技术或知识产权，它们大多从事了诸如研发设计、品牌销售等环节的生产，并获取了品牌租金、关系租金和组织租金等。低层级供应商则处于从属地位，它们大多从事了加工制造等低附加值环节生产，所获得附加值较低而且非常容易被全球生产网络所抛弃。因此，全球价值链升级更多地体现为从加工制造环节向研发设计、品牌和营销环节升级，以及从低层级供应商向高层级供应商和领导厂商升级。

然而，在全球生产链上，领导厂商和高层级供应商所从事的研发设计、品牌营销等生产环节不但人力资本密集，而且资产专用性较强，契约不完全程度较高。相对于加工制造而言，高附加值生产环节对制度环境依赖程度更强，制度质量成为高附加值环节比较优势的重要来源之一。在这种情况下，制度质量低下及其路径依赖成为发展中国家全球生产网络地位提升和全球价值链升级的主要制约因素。

本书以制度环境与生产环节的匹配为切入点，探讨制度环境约束下中国对外直接投资促进价值链升级问题。在全球生产网络中，不同国家或地区的制度环境可能不同，不同生产阶段对制度要求也有所差异，在制度环境与全球生产链匹配过程中，不同国家在不同生产环节呈现出了不同的比较优势。通过对外直接投资，中国企业可以在全球范围内进行跨境制度匹配，从事高附加环节的生产，促进中国比较优势动态升级；与此同时，对外直接投资引致的制度变迁也将促使国内制度环境不断改善。在这两种力量推动下，中国在高附加值生产环节与其所需制度环境的匹配程度将日益提高，其在全球价值链上的地位也将不断攀升。本书的技术线路如图1—1所示。

二　主要内容

本书包括五个部分、八个章节。

第一部分：引言

第一章是引言，本章提出了要研究的问题，并在综述相关文献基

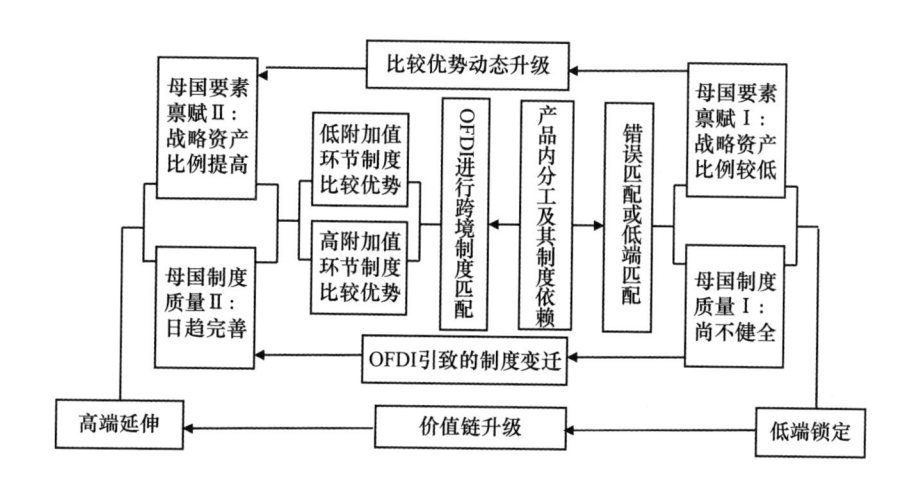

图1—1 本书技术路线

资料来源：笔者自绘。

础上，从跨境制度匹配、对外直接投资与制度变迁视角，提出了对外直接投资促进价值链升级的理论分析框架，并阐述了课题的创新之处、学术价值及其现实意义。

第二部分：制度比较优势、跨境制度匹配与对外直接投资

第二章是本书的理论核心，从跨境制度匹配与价值链升级视角探讨了发展中国家对外直接投资理论。在产品内分工条件下，资产专用性、不完全契约和生产的超模特征使全球生产链对制度环境依赖较强，具有不同制度环境的国家在不同生产阶段呈现出不同的比较优势；为了利用东道国制度环境获取高附加值生产环节的比较优势，发展中国家企业在全球范围内进行生产阶段与所需制度环境匹配，从而引致了大规模的对外直接投资。

第三章是第二章的扩展，主要探讨了在面临东道国不同的制度环境和要素成本优势情况下，对外投资企业的国际投资模式选择问题。在高附加值生产环节跨境制度匹配过程中，正确地选择国际投资模式

是发展中国家企业在东道国生存下来并获取较高生产力水平的重要保证。本章运用数理模型研究了东道国要素成本及其制度质量对发展中国家企业国际市场进入模式选择的影响。

第三部分：对外直接投资、母国制度变迁与价值链升级

第四章是第二章的深化，从对外直接投资引致的母国制度变迁视角，探讨了对外直接投资促进母国价值链升级的另一途径。第二章主要从高附加值环节与所需制度环境跨境匹配视角，分析对外直接投资可以帮助发展中国家涉足高附加值环节，而本章主要从对外直接投资引致的母国制度变迁视角，分析对外直接投资对母国制度质量提升和本国价值链升级的促进作用。

第五章是第四章的扩展，以中国创新能力最强的企业华为为例，探讨了开放式创新、对外直接投资与企业管理模式变革的关系。开放式创新的制度需求促使华为加大了对制度相对健全的发达国家、市场开放程度和国际化程度相对较高的新兴经济体，以及印度和俄罗斯等在某些方面优势比较突出国家的直接投资。在东道国的"合规"和"遵从"激发了华为企业管理模式创新，进而为开放式创新提供了所需要的制度保障。

第四部分：对外直接投资与价值链升级关系的实证分析

第六章主要介绍了跨境制度匹配视角下中国对外直接投资的区位和产业分布的主要特征。与传统的国际产业梯队转移略有不同，高附加值生产环节与所需制度环境匹配，促使中国大部分对外直接投资流向了经济发展水平较高的新兴经济体或发达国家。与此相对应，中国对外直接投资产业分布也更加倾向于服务业以及先进制造业领域。

第七章对中国和印度对外直接投资与价值链升级关系进行了实证检验。在全球生产链上，研发、品牌和营销等环节是租金获取能力较

强的环节，而这些环节的租金获取更多地依赖于创新和创意能力。在前面理论研究基础上，本章运用计量模型定量分析了对外直接投资引致的母国制度变迁、东道国制度通过对外直接投资传导机制等途径对母国创新和创意能力提升的影响。

第五部分：中国制度型开放政策设计

第八章是前述理论和实证研究的政策应用。如前所述，在全球生产网络中，制度是一个国家或地区比较优势的重要来源之一，与高附加值生产环节相匹配的制度环境是全球价值链升级的重要保证。本章以经济基础与上层建筑之间的关系为切入点，从国际生产方式变革的制度需求与供给视角，构建国际贸易投资规则重塑的理论分析框架，为中国制度型开放战略实施提供理论依据。

第四节 创新之处及其不足

一 理论创新

本书理论创新之处在于进一步丰富和发展了发展中国家对外直接理论和国际经济规则制定的政治经济学。

（一）发展中国家对外直接投资理论

在现有国际直接投资文献中，"跳板观点"和"追赶论"描述了对外直接投资所采取的方式，而没有深入地探讨致使发展中国家陷入价值链低端或缺少战略资产的深层次原因；"制度逃避"或"制度促进"观点认识到了制度在推动企业"走出去"过程中的作用，但并没有说明制度对所有权优势的影响;"比较所有权优势"和"投资诱发要素组合理论"认识到了国内外要素和政策对所有权优势获得和价值创造的重要性,但没有深入分析制度通过何种机制影响了所有权优势获取,也没有考虑非正式制度的影响。

本书从生产阶段与所需制度环境匹配视角,探讨了发展中国家对外直接投资理论。本书认为,不同国家(或地区)制度环境不同,不同生产阶段制度要求也存在差异,具有不同制度环境的国家在不同生产阶段呈现出不同的比较优势;面临制度变迁的路径依赖,对外直接投资有利于促进生产阶段与所需制度环境之间的帕累托改进;对于发展中国家来说,在那些制度环境与高附加值环节匹配度较高国家的直接投资,也是促进价值链升级的重要途径。

(二) 价值链升级的指标选择

关于全球价值链升级方向问题,现有文献主要从价值链位置指数(GVC-Position)和上游度指数(Upstreamness)这两个方面进行了探讨,但这两个指标设计不但需要严格的假设,而且在价值链地位测算中也得到了一些与事实不符的结论。本书从全球生产链控制及其租金获取视角探讨价值链升级问题。从全球生产网络治理角度来说,影响企业在全球价值链中地位和租金获取能力的是企业的创新和创意能力。因此,本书选取创新和创意能力这一指标,研究对外直接投资对发展中国家价值链升级的影响。

(三) 对外直接投资影响全球价值链升级的机制

与研发要素溢出机制、学习竞争机制、研发成本分摊机制、研发成果反馈机制,以及国家价值链(NVC)构建等理论不同,本书主要从制度比较优势、高附加值环节与所需制度匹配以及对外投资引致的制度变迁等方面，探讨对外直接投资对全球价值链升级的影响。首先，对外直接投资通过促进高附加值环节与所需制度环境跨境匹配，进而帮助发展中国家涉足高附加值环节；其次，对外直接投资与国家利益战略互补性将促使母国主动进行对外投资相关制度改革，母国缔结的双边或多边投资协议也将推动国内相关政策调整，对外投资企业在东道国的"合规"与"遵从"也将迫使对外投资改革企业管理模式。通过以上两种机制，对外直接投资可以促进母国要素禀赋结构优化，推动母国制度环境改善，进而为高附加值生产环节发展提供制度保障。

（四）国际经济规则制定的政治经济学

与传统的利益集团与国际经济规则制定这一研究视角不同，本书以经济基础与上层建筑之间关系为切入点，运用制度经济学、国际投资学和全球生产网络理论，从国际生产方式变革的制度需求与供给视角，构建国际贸易投资规则重塑的理论分析框架。

二 研究方法创新

通过学科交叉进行理论创新。本书综合运用了国际投资学、全球生产网络理论、制度经济学、国际法和国际政治经济学等相关学科的理论和方法，在发展中国家对外直接投资理论、价值链升级、国际经济规则重塑等方面进行了理论创新。

三 不足之处及进一步研究的方向

本书围绕对外直接投资与全球价值链升级这一主题进行了尝试性

的理论探讨,所研究内容涉及国际直接投资、全球生产网络、国际投资法、行政学、制度经济学、国际政治经济学和社会学等领域。尽管笔者在写作过程中,认真研读了不同学科文献,但难免存在理解不透或误解的情况,请各学科领域的专家学者们批评指正。

另外,在实证研究中,受到数据可获得性约束,一些细节性问题还无法深入研究。随着国家统计制度完善,以及未来大数据在科研中的应用,本书将进一步细化这一领域的研究。

需要说明的是,全球生产链、全球价值链和全球生产网络等术语只是从不同角度对产品内分工条件下国际生产方式进行阐释,本书在研究过程中根据语境需要采用了不同的表述方式,基本上不影响理论逻辑分析。

第二章

制度比较优势、跨境制度匹配与对外直接投资

在产品内分工条件下，资产专用性、不完全契约和生产的超模特征使全球生产链对制度环境的依赖性更强，不同制度环境的国家在不同生产阶段呈现出不同的比较优势。为了利用东道国制度环境获取高附加值生产环节的比较优势，发展中国家企业在全球范围内进行生产阶段与所需制度环境匹配，从而引致了大规模的对外直接投资。

◇ 第一节 制度基础理论

制度是为了降低交易费用和提高交易可预见性，而对交易主体施加的一系列激励或约束性质的行为规范。下面我们对企业经营活动所面临的制度加以简单的介绍。

一 制度的含义及其分类

随着人类社会实践活动发展，制度本身在不断地演化，人们对制

度内涵的认识也在逐渐深化。

(一) 制度的涵义

从制度的发展过程来看，它伴随着人类社会出现而产生，并且随着社会发展而演化。旧制度经济学更多地从交易视角审视人与人之间的关系，包括市场上的买卖交易、企业内的管理交易和政府配额交易这三种基本类型。基于这三种基本交易分析，旧制度经济学家们认为制度是遵循着同一规则的交易活动的集合，它的形成是看不见手式的，同时又是设计式的。例如，凡勃伦将制度定义为："制度实质上就是个人或社会对有关某些关系或某些作用的一般思想习惯，而生活方式所构成的是，在某一时期或社会发展的某一阶段通行的制度的综合，因此从心理学的方面来说，可以概括地把它说成是一种流行的精神态度或一种流行的生活理论。"①

具体来说，制度就是在这些交易活动中，集体行动控制个人行动的一系列行为准则或规则。例如，康芒斯认为："如果我们要找出一种普遍的规则，适用于一切所谓属于'制度'的行为，我们可以把制度解释为集体行为控制个体行为。集体行为的种类和范围很广，从无组织的习俗到那许多有组织的所谓'运行中的机构'，例如家庭、公司、控股公司、同业协会、工会、联邦储备银行以及国家。大家所共有的原则或多或少是个体行动受集体行动的控制。"②

与旧制度经济学不同的是，新制度经济学从交易费用角度分析市场、企业和政府，并提出了契约论和博弈均衡说，制度就被看作降低交易费用、增加合理预期的一种行为规则。例如，舒尔茨将制度定义

---

① [美] 凡勃伦：《有闲阶级论》，商务印书馆1964年中译本，第139页。
② [美] 康芒斯：《制度经济学（上册）》，商务印书馆1962年中译本，第87页。

为"一种行为规则，这些规则涉及社会、政治及经济行为"。[①] 诺思认为"制度是一个社会的游戏规则或在形式上是人为设计的构造人类行为互动的约束""制度是一系列被制定出来的规则、守法程序和行为的道德伦理规范，它旨在约束追求主体福利或效用最大化的个人行为"。[②]

青木昌彦从博弈论角度将制度定义如下："制度是关于博弈如何进行的共有信念的一个自我维系系统。制度的本质是对均衡博弈路径显著和固定特征的一种浓缩性表征，该表征被相关领域几乎所有参与人所感知，认为是与他们策略决策相关的。这样，制度就以一种自我实施的方式制约着参与人的策略互动，并反过来又被他们在连续变化的环境下的实际决策不断再生产出来。"[③] 制度通过对博弈参与人、博弈规则和博弈均衡策略的规定，提高了参与人对交易行为和结果的合理预期，降低了交易的费用。

（二）制度的分类

从以上定义中我们可以看出，制度是为了降低交易费用和提高交易可预见性，而对交易主体施加的一系列激励或约束性质的行为规范，并且通过政治、经济、社会等各种体制形成一定的社会秩序，构成各种经济活动和经济关系展开的框架。为了理论分析的方便，经济学家们根据不同的标准对这些激励或约束性质的行为规范进行了

---

① 舒尔茨：《制度与人的经济价值的不断提高》，载科斯等著《财产权利与制度变迁——产权学派与新制度学派译文集》，上海三联书店1991年版，第253页。

② ［美］道格拉斯·C.诺思：《经济史中的结构与变迁》，陈郁、罗华平等译，上海三联书店、上海人民出版社1994年版，第225—226页。

③ ［日］青木昌彦：《比较制度分析》，周黎安译，上海远东出版社2001年版，第28页。

分类。

根据制度在经济活动中的不同作用,舒尔茨将制度划分为:降低交易成本的制度,如货币、期货市场等;影响生产要素所有者之间风险配置的制度,如合约、分成制、合作社、公司、保险、公共社会安全计划等;提供职能组织与个人收入流之间的联系的制度,如财产,包括遗产法、资历和劳动者的其他权利等;确立公共物品和服务的生产与分配框架的制度,如高速公路、飞机场学校和农业试验站等。①

根据制度是否具有强制性,诺思把制度划分为正式制度和非正式制度。正式制度是指人们有意识创造的一系列政策法则,包括政治规则、经济规则等,以及由这一系列规则所构成的等级结构。正式制度一般具有强制性,主要通过法律或各种机构所设定的规则,对主体的交易目标、交易度量、行为合规性、惩罚与激励等方面进行规定。非正式制度是人们在长期交往中无意识形成,并构成历代相传的文化中的一部分,主要包括价值信念、伦理规范、风俗习性、意识形态等社会公认的行为准则。非正式制度一般不具有强制性,主要通过舆论、道德等对主体进行约束,或者主体自发地或自觉地遵守。

从短期来看,由于正式制度往往是一种强制性措施,它可以在短期内被改变或移植,而非正式制度的形成却是长期内历史和文化积淀的产物,这两种制度变迁的不同步性往往会带来各种冲突。但是,从长期来看,二者最终将会趋于一致。由于正式制度能否被执行以及执行的效果,严重依赖于价值信念、伦理规范、风俗习性、意识形态等方面的社会认可程度,只有在与非正式制度相容的情况下,正式制度实施的交易成本较低,政策效果也才能有效地得以发挥。特别是非正

---

① 舒尔茨:《制度与人的经济价值的不断提高》,载科斯等著《财产权利与制度变迁——产权学派与新制度学派译文集》,上海三联书店1991年版,第253页。

式制度中意识形态对正式制度有较大的影响，甚至可能成为某种正式制度理论基础、最高准则或"先验"模式[①]。

二 国际生产面临的制度约束

20世纪90年代后期，在交易成本理论框架下，威廉姆森从政治制度、人类行为和经济制度三个层次探讨了制度规范、法律准则及其他一些环境因素对个人行为和组织模式选择的影响。威廉姆森认为，在不同的制度环境下经济活动的交易成本是不一样的，特定的制度环境将会有特定的组织结构与之相适应。政治主张、法律制度、文化习俗等因素不但直接地影响了市场、企业等不同组织的交易成本，而且还通过影响个人行为方式而间接地影响了组织模式选择；个人的有限理性和机会主义行为影响了不同组织模式下的交易成本，但反过来也受到制度环境和企业约束或激励机制的制约；经济制度直接影响了市场、企业及其他契约关系的交易成本，但经济制度的形式和内容也往往受到其他制度环境因素的影响和制约[②]。

制度基础论认为，制度是一套正式和非正式规则及其规则的执行安排，其作用是制定和执行对公司活动的正式和非正式约束。在全球生产网络下，企业活动总是地理嵌入和网络嵌入在一个国家特定的社会背景下。其中地理嵌入是指企业被其所在的区位内已经存在的社会经济活动同化并受此约束，并成为当地生产链条上的一个节点；网络

[①] [美]道格拉斯·C. 诺思：《制度、制度变迁与经济绩效》，刘守英译，上海三联书店1994年版，第50—67页。

[②] Williamson, Oliver E., "Comparative Economic Organization: The Analysis of Discrete Structural Alternatives", *Administrative Science Quarterly*, Vol. 36, No. 2, 1991.

嵌入是指与同一区位内不同企业之间建立正式和非正式关系①。该区位的制度限定、允许或约束了公司的战略选择（Peng and Delios, 2006）②，并界定了公司和产业运行的规则和标准（Peng 等, 2008）③。具体来说，制度环境从三个方面规范和约束着企业行为：法律、规章和规则等正式制度对企业施加了强制性压力；行业内同类企业价值观、信仰对企业产生了模仿性压力；社会的认识、文化、道德和舆论也给企业带来了规范性压力。

事实上，一个国家的社会、政治和经济制度可能会给企业带来国家专用优势或劣势。企业的战略选择是公司专用优势、产业条件和国家专用优势（劣势）相互作用的结果。最近几年来，许多新兴市场国家政府纷纷颁布对外直接投资规则和法规，鼓励能够促进出口的对外直接投资项目，甚至为本国跨国公司的海外战略资产收购创造各种有利的条件。

当然，在某些情况下，企业还可能部署政治资源，通过政治行动主动地获取有利的经营条件或者规避不利的规章制度。传统的经济学理论假设，企业对所处的制度环境是被动反应，企业要么遵守规章制度，要么退出市场，它是在给定的制度框架下，寻求合法性以避免成本、争取资源并努力获得收益最大化。然而，也有一些企业通过对政

---

① Coe, Neil M., Peter Dicken and Martin Hess, "Global Production Networks: Realizing the Potential", *Journal of Economic Geography*, Vol. 8, No. 3, 2008.

② Peng, Mike W. and Andrew Delios, "What Determines the Scope of the Firm Over Time and Around the World? An Asia Pacific Perspective", *Asia Pacific Journal of Management*, Vol. 23, No. 4, 2006.

③ Peng, Mike W., Denis Y. L. Wang and Yi Jiang, "An Institution-Based View of International Business Strategy: A Focus on Emerging Economies", *Journal of International Business Studies*, Vol. 39, No. 5, 2008.

府施加影响而规避不利的规章制度，这种影响制度框架的能力就被称为"制度资本"。在市场战略地位很重要、企业的政治资源强大到足以对政府政策产生影响的情况下，企业能够而且愿意同政府谈判。这样做的收益有许多，例如获得特殊的资源和保护，提高市场地位或降低成本等。然而，最重要的收益在于企业经营行为的合法性，由此提高和扩大生存的机会和利润空间[①]。

第二节 全球生产网络的主要特征及其制度依赖

在产品内分工条件下，全球生产链垂直分离并呈现出序列性和超模特征。在这种情况下，资产专用性投资风险暴露更高，中间品交易使不完全契约问题更加突出，不同生产阶段的"超模"特性在提高生产力的同时也进一步放大了制度环境对国际生产的影响。

一 国际生产方式变革

信息技术在企业运维、组织、创新等方面广泛应用，不但催生了一系列与之相关的新兴产业，而且也颠覆了传统产业生产方式。作为一种通信工具和支撑系统，信息通信技术深刻地影响和改变着人类生产和生活方式。根据执行任务所需信息的不同，生产任务大体上可以

---

① Bresser, Rudi K. F. and Klemens Millonig, "Institutional Capital: Competitive Advantage in Light of the New Institutionalism in Organization Theory", *Schmalenbach Business Review*, Vol. 53, No. 3, 2003.

被划分为要求可编码信息的任务与要求"意会信息"的任务。其中，可编码信息可以通过信息通信技术传输而不会有任何损失，与此相关的生产任务就可以被单独地分离出来，原有生产过程就出现了片段化（fragmentation）[①]。由于不同生产环节要素密集度存在差异，具有不同要素禀赋的国家（地区）在不同生产阶段拥有不同的比较优势。

与此同时，贸易投资便利化措施也不断推进。在国际贸易方面，经过WTO九个回合谈判，关税与非税壁垒不断下降，目前发达经济体之间的工业品平均关税已经低于1%，并且大部分配额已经取消，而在1947年时的平均关税曾经高达40%。在国际投资方面，虽然战后国际社会尚未真正确立一个全球统一的多边投资公约，但在双边、多边和区域层次上签署了一系列与国际投资相关的协议。在这种情况下，国际劳动分工进一步延伸到了产品内部，原来在同一个企业内执行的生产任务可以分散配置到具有比较优势的其他企业中进行，一个企业可能只从事生产链条中的某一环节或工序，这样就出现了生产过程的垂直专业化[②]。

在生产过程垂直专业化情况下，跨国公司重新调整了企业边界，进一步加强了核心能力和关键性资源的培育，只提供自己最具有竞争优势的生产服务。但是，在竞争激烈的国际市场上，仅仅依靠某一类型资源并不足以使企业建立起可持续的竞争优势，而其他企业所拥有的非完全流动性的和不可替代的异质性资源又不能通过市场交易获得。在这种情况下，为了与其他企业共享或交换有价值资源，那些拥

[①] Grossman, Gene M. and Esteban Rossi-Hansberg, "The Rise of Offshoring: It's Not Wine for Cloth Anymore", *The New Economic Geography: Effects and Policy Implications*, 2006.

[②] 李国学、何帆：《全球生产网络的性质》，《财经问题研究》2008年第9期。

有核心能力和关键资源（如先进的技术和管理、知名品牌及销售渠道等）的跨国公司在全球范围内外包生产任务。那些没有或较少拥有核心能力和关键资源的企业为了提高自己的竞争力也主动或被动地承接了全球生产链上契约化程度较低、附加值较高环节的生产任务。

20 世纪 90 年代以来，在全球范围内逐渐形成了以跨国公司为主导的全球生产网络。通过垂直专业化和国际外包，跨国公司将原有的独资公司、合资公司与全球各地的供应商、承包商、分销商及战略联盟伙伴联系在一起，形成了一张遍布全球的生产网络[1]。

二　全球生产网络主要特征

作为一种全新的国际生产组织形式，全球生产网络具有与跨国公司不同的技术特征、组织特征和社会属性，主要体现在以下几个方面。

在产品内分工条件下，原来在跨国公司内部进行的资产专用性投资被分散到不同生产阶段的企业进行，资产专用性投资被"锁定"和"敲竹杠"风险再次暴露出来。在产品内分工条件下，为了应对激烈的市场竞争以及满足客户多样化需求，下游企业通常选择了产品差异化战略，要求上游的中间品供应商做出资产专用性投资以生产客制化的中间投入品。在传统生产方式下，为了降低资产专用性投资被"锁定"和"敲竹杠"风险，企业选择了内部化资产专用性投资，其优点是各部门在统一指挥下进行协调生产，有利于降低机会主义行为导致的资产专用性投资损失，缺点是科层制丧失了部分激励。伴随着模

---

[1] Ernst, Dieter and Linsu Kim, "Global Production Networks, Knowledge Diffusion, and Local Capability Formation", *Research Policy*, Vol. 31, No. 8 – 9, 2002.

块化生产技术和信息技术在企业生产中被广泛应用,不同部门之间协作难度相对下降,科层制的治理成本相对较高,全球生产链取代了企业内部生产。与此相对应,原来在企业内部进行的资产专用性投资被分散到不同生产阶段的企业内进行,其优点是全球生产链上不同生产环节的企业获得了产权激励,缺点是单个企业无法有效地控制上、下游企业的机会主义行为,专用性投资风险暴露程度更高。

由于有限理性和不完全信息,契约条款可能是不完全的。在产品内分工条件下,不同的生产任务被分散配置到具有比较优势的其他企业中,全球生产链上各方参与者密集地使用契约来协调生产。由于人的有限理性和信息的不完全性,在全球生产链的上、下游企业很难把所有可能出现的情况都囊括其中,尤其是那些根植于人的身体或头脑而难于编码和沟通的知识,只有通过企业之间频繁的交流,在彼此之间产生共同经验的情况下才能有效地传递,上下游企业根本无法在契约中做出具体的规定。此外,在产品内分工条件下,企业互为上、下游关系,上游企业的风险很有可能层层传递到下游,双方也无法在契约中就其他生产环节所可能引致的风险的性质、影响和应对措施达成共识。

产品内分工使全球生产链呈现出序列性和超模特征。随着交通和通信技术发展以及贸易和投资便利化措施的不断推进,国际劳动分工进一步延伸到了产品内部,原来在跨国公司内部执行的生产任务可以分散配置到具有比较优势的国家(地区)的企业中,一个企业可能只从事全球生产链条中某一环节或工序的生产,这样就出现了生产过程的垂直分离[①]。虽然不同生产环节在空间上并存,但它们之间依然存

---

① 李国学、何帆:《全球生产网络的性质》,《财经问题研究》2008年第9期。

在一个自然的阶段排序,即全球生产链具有序列特征。例如,直到研发中心开发或改进的产品被证明是成功的时,制造过程才开始,而制成品的分销也只有在生产完成后才能进行①。在序列生产条件下,原材料被转化为基本的零部件,而且在被组合成最终品之前,又与其他零部件一起生产更加复杂的投入品,上游技术水平和中间品质量将会影响到下游生产力水平和中间品或最终品的质量,从而呈现出超模特征②。

尽管全球生产链垂直分离可以利用不同区位的比较优势,但从垂直分离后资产专用性投资和不完全契约相关风险来看,空间距离也是一种约束。在全球生产链上,由于不同国家(地区)往往都有自己的民族文化和价值观念,而且不同国家(地区)的私人和公共行为也存在差异,它们所制定的规则和标准也可能不同。文化距离和制度差异也可能会导致"接合性错误",即所需要的与能够达成的事务之间有部分或全部的落差,而"接合性错误"和不完全契约有可能导致机会主义行为发生③。

全球生产网络具有较强的社会属性,权力主体和治理机制呈现多元化。在全球生产网络下,网络参与者之间不但存在传统的市场交易、上下游企业之间的"一肘之距"交易关系,国际生产

---

① Antràs, Pol and Davin Chor, "Organizing the Global Value Chain", *Econometrica*, Vol. 81, No. 6, 2013.

② 我们可以用数学语言来精确地描述不同生产阶段的互补性或超模特征:在目标生产函数连续、可导以及变量可分的情况下,代表不同生产阶段中间品的变量的混合偏导数为正值,也就是说代表下游中间品的变量的边际收益是代表上游中间品的变量的增函数,即它们之间呈现出了互补性。在目标生产函数连续性、可导性以及变量可分性不具备的情况下,上述序列生产特征就表现为超模性。

③ 李国学、何帆:《全球生产网络的性质》,《财经问题研究》2008 年第 9 期。

联系的复杂性还使它们与各类政府和非政府组织保持着密切联系，这使得全球生产网络权力主体呈现多元化，治理机制也更加复杂[①]。

总之，产品内分工使原来通过跨国公司内部化消除的、与不完全契约和资产专用性相关的风险再次暴露出来。在产品内分工条件下，原来在跨国公司内部进行的资产专用性投资被分散到不同生产阶段的企业进行，资产专用性投资被"锁定"和"敲竹杠"风险再次暴露出来。与此同时，全球生产链上各生产环节之间的合作方式也由原来的跨国公司内部命令和控制转变为密集地使用契约来协调生产。全球生产链分工越细，交易越复杂，不确定性就越高，不但知识中间产品交易面临着契约摩擦，而且不同生产阶段也因所处区位制度质量不同而在契约执行方面存在差异。由于全球生产链具有序列性和超模特征，任何一个生产环节断裂，全球生产链就无法正常运行，任何一个生产阶段的技术水平和契约执行情况都可能通过前后向联系影响到其他生产阶段的技术水平和契约执行，进而影响了全球生产链的生产力水平和运行效率。

二 全球生产网络的制度依赖

由于契约不完全性，全球生产链上生产环节内部及其不同生产环节之间任务的执行，依赖于劳动力市场雇佣制度、社会资本及其政府执法公正性。在企业内部，相对于例行工作等可契约化任务来说，创造性地解决问题等不可契约化任务的执行需要工人付出更多的努力，

---

① Henderson, Jeffrey et al., "Global Production Networks and the Analysis of Economic Development", *Review of International Political Economy*, Vol. 9, No. 3, 2002.

但是这种努力程度是无法证实的。在这种情况下，严格监管并不能迫使工人提供不可证实的劳动，而关系型、合伙制或劳工权益保护相关规定则有利于激发工人的劳动积极性。再者，在上、下游企业交易过程中发生契约纠纷时，双方可能就所适用的法律条款产生争议；如果判决结果对当地居民不利的话，当地法院也可能不愿意执行两个不同国家居民之间签订的契约；如果支付损害赔偿的一方在法院所在国家没有任何资产，补偿也难以履行。因此，全球生产链上不同国家间的交易更多地依赖于成员国法律体系的公正性，以及信誉、信任和信用等社会资本的发展状况。

资产专用性投资保护依赖于法律体系效率和金融市场发展状况。由于资产专用性投资是关系专用的，在关系之中比在关系之外有更高的价值。相对于通用性投资来说，资产专用性投资的制度依赖性较强，对契约的敏感度更高，高效率的法律体系对专用性投资保护就尤为重要。但是，在专用性投资比较复杂，契约中无法详尽地罗列交易条款，而且第三方（比如法庭）也没有相关知识和能力对专用性投资做出证实，或者证实真伪的成本过高的情况下，资产专用性投资依然面临着被"锁定"和"敲竹杠"的风险。在这种情况下，风险资本投资以及基金和股票市场融资，有助于分散专用性投资风险。因此，资本和金融市场发展状况也是资产专用性投资的重要影响因素。

当地产业集聚发展状况对消减"接合性错误"尤为重要。在全球生产链上，国际生产活动在空间分布上并未趋于均衡，而是出现了地方产业集聚现象[1]。通过地方产业集聚，跨国公司子公司与当地合

---

[1] Kimura, Fukunari and Mitsuyo Ando, "Two-Dimensional Fragmentation in East Asia: Conceptual Framework and Empirics", *International Review of Economics & Finance*, Vol. 14, No. 3, 2005.

作伙伴不但可以降低频繁送货的运输成本和货物检验成本，而且各方原有价值观念在产业区内碰撞、融合过程中形成了共享的价值观念，在相互信任的基础上建立起较为稳定的联系机制，从而促使生产网络内部逐渐从短期交易发展为长期合作。但是，如果一个地区产业集群发展状况较差，信任或信用等社会资本较低，那么"接合性错误"或机会主义行为将继续存在，全球生产网络依然难以稳定运行。

全球生产链系统性风险防范依赖于各个生产阶段的监管一致性。在产品内分工条件下，垂直专业化可以使每个生产阶段都获得规模收益，但全球生产链不同生产环节的序列性和超模特征使其面临着系统性风险。任何一个生产环节断裂，全球生产链就无法正常运行，任何一个生产阶段的技术水平和契约执行情况都可能通过前后向联系影响到其他生产阶段的技术水平和契约执行，进而影响了全球生产链的生产力水平和运行效率。因此，监管一致性是全球生产链稳定运行的内在要求。

全球生产网络运行受到了各类权力机构的影响和制约。如上所述，全球生产网络权力主体呈现多元化，治理机制也更加复杂。除了领导厂商和高层级供应商以外，全球生产网络的权力机构还包括政府机构、政府机构联盟（例如 EU、ASEAN 和 NAFTA 等）、政府间组织（例如世界贸易组织、国际货币基金组织、国际劳工组织等）、国际信用评级机构（例如穆迪投资者服务公司、标准普尔等）以及各类商会等机构[①]。

---

① 李国学：《不完全契约、国家权力与对外直接投资保护》，《世界经济与政治》2018 年第 7 期。

◇ 第三节 制度对价值链升级的影响

如前所述，全球生产链对制度环境依赖性更强，制度质量成为国家比较优势的重要来源之一。创新体系质量、要素市场效率、法律体系质量、社会资本和政府管理水平，以及市场竞争程度和产业政策等都影响着国家（地区）在高附加值环节的比较优势。

一 创新体系质量影响创新和创意产出效率

在全球生产链上，附加值较高的研发、品牌、营销等环节主要依赖于创新和创意能力，而创新和创意能力高低又取决于一个国家创新体系质量。具体来说，创新体系对创新和创意能力的影响体现在以下几个方面。

教育培育体系的质量影响着人力资本水平高低。在全球生产链上，研发、设计和技术培训等环节，以及市场营销、品牌推广和售后服务等环节是高附加值生产环节，同时也是人力资本高度密集的生产环节。作为提升人力资本的重要途径[①]，教育和培训体系质量直接影响着科研人员、售后服务人员和市场营销人员素质，进而决定了国家（地区）在高附加值环节的创新和创意能力。

创新联系的广度和深度影响着创新和创意的投入产出效率。一般情况下，信息通信技术发展程度、互联网普及状况、国际学术交流情况、中间品进口和外资的技术溢出效应影响着技术的可获得性。与此

---

① Romer, Paul M., "Endogenous Technological Change", *Journal of Political Economy*, Vol. 98, No. 5, Part 2, 1990.

同时，国内外产业、大学和科研机构合作可以放大各自的优势而弥补彼此的劣势，有利于推动知识信息交流、研发活动组织，以及新产品和新工艺开发等。相关研究表明，在经济全球化背景下，包括国内研发机构和国外研发机构在内的开放的创新网络，对提升国家创新能力和企业生产力水平尤为重要[1]。

二 要素市场效率影响专用性投资的成本和激励

劳动力市场相关政策影响着专业人员的创新和创意激励。虽然高素质人力资本是一个国家（地区）在研发、品牌和营销环节创新和创意的基础，但研发和创意效率还受到劳动力市场效率的制约。高效率的劳动力市场可以降低专业人员与创新岗位之间的匹配摩擦，雇主与员工关系、工资弹性、税收政策、留住和吸引人才措施等相关规定也影响着科研人员创新和创意激励。相关研究表明，公司专用技能投资也受到了劳动权益保护法的影响。对84个国家产业层面的实证研究表明，在劳工权益保护程度较高的国家，公司在专用技能密集部门具有比较优势[2]。

金融市场效率影响着专用性投资的风险和成本。在全球生产链上，附加值较高的研发、品牌、营销等环节也是资产专用性投资相对密集环节。与通用性投资相比，研发环节使用的专用仪器设备、生产环节使用的专用机械的外部选择价值较低；品牌、营销等环节的有形

---

[1] Guellec, Dominique and Bruno Van Pottelsberghe De La Potterie, "R&D and Productivity Growth: Panel Data Analysis of 16 OECD Countries", *OECD Economic Studies*, 2002.

[2] Tang, Heiwai, "Labor Market Institutions, Firm-Specific Skills, and Trade Patterns", *Journal of International Economics*, Vol. 87, No. 2, 2012.

资产较少而外部融资需求较大，往往面临着信贷约束。高效率的金融市场不但可以使专用性研发投资获得风险资本支持，还可以通过股票、基金等金融产品降低专用性投资的融资成本，从而降低被"锁定"和"敲竹杠"的风险和损失。

三 法律体系质量影响契约敏感部门的比较优势

在全球生产链上，产品内分工使各环节的投资专用性更强，契约依赖程度更高。作为契约执行和产权保护的重要途径，法律体系的质量影响着全球生产链上契约敏感环节的生产力水平[1]。相关研究表明，健全的法律体系使企业在专业化生产要求的专业知识、专有技能、专用投入品以及分工环节较多的尖端产品方面具有比较优势[2]。28个发展中国家和转型经济体公司层面数据研究表明，良好的法律体系降低了关系专用性投资风险，显著地提升了在生产过程中使用较多客制化中间投入品的产品的比较优势[3]。

知识产权法影响了技术密集部门的比较优势和创新方向。作为一种重要的知识资产，专利是提高企业研发激励和收益的重要手段，也是企业获得交叉许可谈判的议价筹码[4]。知识产权保护法在促进企业

---

[1] Essaji, Azim and Kinya Fujiwara, "Contracting Institutions and Product Quality", *Journal of Comparative Economics*, Vol. 40, No. 2, 2012.

[2] Levchenko, Andrei A., "Institutional Quality and International Trade", *The Review of Economic Studies*, Vol. 74, No. 3, 2007.

[3] Ma, Yue, Baozhi Qu and Yifan Zhang, "Judicial Quality, Contract Intensity and Trade: Firm-Level Evidence from Developing and Transition Countries", *Journal of Comparative Economics*, Vol. 38, No. 2, 2010.

[4] Levin, Richard C. et al., "Appropriating the Returns from Industrial Research and Development", *Brookings Papers on Economic Activity*, 1987.

创新方面发挥着重要作用,成为技术密集产品比较优势的重要来源。此外,专利保护还影响了技术变革方向。相关数据研究表明,在没有专利法的国家,创新集中在专利不重要的产业,而在有专利法的国家,创新更加多元化[1]。

四 社会资本和政府管理水平影响不完全契约执行程度

社会资本水平影响着上下游企业之间不完全契约的执行程度。相对于产业间和产业内分工而言,产品内分工条件下契约摩擦问题更加突出,而且生产链越长、生产工艺越复杂,契约不完全程度越高。基于认同性信任,即共同的价值观和原则,以及基于共享规范的期望,上下游企业往往根据所观察到的行为就可能的行动方式达成了一种非正式协议,事前契约空白将在事后以公平的方式处理,从而缓解了正式契约的不完全性[2]。基于知识性信任,即在重复交往过程中,上、下游企业能够超越现有的信息去概括出一些行为的预期,从而弥补了交易过程中所需要的信息,降低了社会交往的复杂性。在法律制度质量较低的国家,信任具有更重要的意义,甚至在某些情况下可以替代正式法律,从而获得契约密集部门的比较优势[3]。

政府管理水平影响着政府与企业之间不完全契约的执行程度。从契约性质上说,在跨国公司与东道国政府之间存在的有关国际

---

[1] Moser, Petra, "How Do Patent Laws Influence Innovation? Evidence from Nineteenth-Century World's Fairs", *American Economic Review*, Vol. 94, No. 5, 2005.

[2] 李国学、何帆:《全球生产网络的性质》,《财经问题研究》2008 年第 9 期。

[3] Tabellini, Guido, "Culture and Institutions: Economic Development in the Regions of Europe", *Journal of the European Economic Association*, Vol. 8, No. 4, 2010.

直接投资的显性或隐性契约是一种行政契约。在此契约中，缔约一方是东道国行政主体，而且为了高效地处理纷繁复杂的社会公共事务，各个国家都不同程度地赋予行政主体行政特别权。这些自由裁量权对东道国政府维护本国公共利益是必须的，但行政主体自由裁量权本身成为契约不完全性的一个重要来源①。如果政府管制过多，政府官员存在较强的政策偏好，警察服务效率低下，那么不完全契约执行就存在严重障碍。相反地，在"准入前国民待遇＋负面清单"管理模式下，政府对跨国公司干预较少，不完全契约就能够得到有效的执行。

五 市场竞争程度及其产业政策影响了企业创新动力

从垄断、竞争与创新之间关系来看，垄断既是创新所需，也是创新引起的结果，但过度垄断又抑制了创新，竞争与创新之间表现为倒"U"形关系，而且企业水平相差越小，倒"U"形就越陡峭②。在竞争对企业技术差距的影响方面，虽然领导厂商与追随者之间的平均技术差距随着竞争程度提高而扩大，但竞争程度提高也刺激了同等水平企业的创新；在竞争对创新方向的影响方面，当企业之间的创新具有互补性时，竞争压力使产品创新增加，而使过程（工艺）创新下降③。

---

① 李国学：《不完全契约、国家权力与对外直接投资保护》，《世界经济与政治》2018 年第 7 期。

② Aghion, Philippe et al., "Competition and Innovation: An Inverted-U Relationship", The Quarterly Journal of Economics, Vol. 120, No. 2, 2005.

③ Kretschmer, Tobias, Eugenio J. Miravete and José C. Pernías, "Competitive Pressure and the Adoption of Complementary Innovations", American Economic Review, Vol. 102, No. 4, 2012.

从市场管制、补贴和征税等产业政策来看,自由进入的产业政策不但可以使本国企业通过专业化生产实现规模经济,降低生产过程中的X无效率,而且还可以使企业从国外采购到质量更高、种类更多的中间投入品,并且通过对外直接投资技术溢出效应获得国内市场上没有的先进技术。市场管制则降低了受保护企业的研发激励。对低生产力水平企业补贴和对高生产力水平企业征税都不利于它们生产力水平的提升。相关政策模拟显示,如果对低生产力企业补贴和对高生产力企业征税,10%的税率将导致13%的生产力损失。如果对10%的高生产力企业补贴而对其他企业征税,40%的税率将使总生产力下降3%[①]。

◇◇第四节 跨境制度匹配引致的对外直接投资

对于发展中国家来说,制度环境与低附加值环节的匹配使其陷入了低端"锁定"困境。通过对外直接投资促进高附加值生产环节跨境制度匹配成为发展中国家促进价值链升级的重要途径。

一 跨境制度匹配的重要性

由于路径依赖、正式制度与非正式制度冲突等方面原因,新建构的制度难以在短期内发挥其比较优势。从短期来看,跨境制度匹配可以使发展中国家以较低成本涉足高附加值生产环节。

---

① Restuccia, Diego and Richard Rogerson, "Policy Distortions and Aggregate Productivity with Heterogeneous Establishments", *Review of Economic Dynamics*, Vol. 11, No. 4, 2008.

(一) 制度环境约束了发展中国家价值链升级

在高附加值环节,发展中国家仍然处于制度比较劣势。在以大学排名所代表的教育体系质量方面,2020—2021年度QS世界大学排名显示,在全球前四位已被美国包揽;在前十位中,美国占了5所,英国占了4所;在全球前200名中,美国和英国分别有27所和18所大学入围,二者加起来占到了45%。由世界知识产权组织、康奈尔大学、英士国际商学院发布的2018版《全球创新指数》报告显示,在创新制度综合排名的前20名中,除了新加坡、中国香港、韩国等少数新兴经济体以外,其他几乎全是发达国家;在产、学、研合作代表的创新网络方面,在法律体系所代表的契约制度质量方面,在私人部门信用所代表的信任程度方面,在企业设立、破产、完税容易程度以及关税税率所代表的产业进入政策方面,在以股票交易额为代表的金融市场发展程度方面,前20名的国家次序可能不同,但整体上呈现出与创新制度综合排名类似的趋势。较低的创新制度质量使发展中国家被锁定在全球生产链的低附加值生产环节,即使在处于微笑曲线底端的生产加工领域,制度约束也导致了生产力损失。相关研究表明,与美国相比,智利和哥伦比亚这两个国家的金融市场摩擦可以解释高达40%的制造业全要素生产力损失;如果中国和印度资本和劳动力市场配置效率达到美国水平,它们的制造业生产力水平将分别提高30%—50%和40%—60%[①]。

(二) 跨境制度匹配有利于克服母国的制度障碍

制度建构受到不完全信息、有限理性和路径依赖的制约。虽然

---

① Hsieh, Chang-Tai and Peter J. Klenow, "Misallocation and Manufacturing TFP in China and India", *The Quarterly Journal of Economics*, Vol. 124, No. 4, 2009.

"建构理性主义"制度观认为,"制度变迁也可能是由政治家、官僚、企业家及其他人指导他们的日常活动时所实施的创新努力的结果",或者国家进行设计和强制推行由诱致性制度变迁过程所不能提供的、适当的制度安排,但制度设计、变迁路径受到了一系列因素制约。在制度设计方面,由于社会复杂性、信息不完全性和人的有限理性,制度变迁不可能总是完全按照初始设计的方向演进,一个偶然事件就可能改变制度变迁的方向,特别是文化、宗教、习俗等非正式制度是历史和文化积淀的产物,并不是建构出来的。在制度变迁路径方面,存在制度设置初始成本的规模经济效应、人们对制度的适应性预期、组织与制度的协调、制度规则的学习等自我强化机制,即人们今天的各种决定、各种选择实际上受到历史因素的影响,这就是所谓的制度变迁的"路径依赖"。总之,由于路径依赖、正式制度与非正式制度冲突等方面原因,新建构制度难以在短期内发挥其比较优势。

跨境制度匹配可以在短期内获得东道国制度比较优势。从跨境制度匹配的社会成本来说,由于制度是一种公共产品,在既定的制度供给下,增加一单位制度消费并不会带来东道国政府制度设计成本的上升。从跨境制度匹配的执行成本角度来说,东道国现有的、有利于高附加值生产环节的行为准则和规则是长期内博弈参与人在利益驱使下集体选择的结果,并且得到了东道国在价值理念、伦理规范、风俗习性、意识形态等方面的社会认可,人们对规则的适应、不同规则之间的协调过程已基本完成,制度具有自我实施性,从而避免了母国制度设计和执行过程中所遇到的各种不确定性和风险。从跨境制度匹配的实施效果来说,跨境制度匹配可以获得母国所不具备的制度比较优势,而且东道国在高附加值生产环节的比较优势也证明了现有制度是可行的,有利于企业在全球生产链中地位的提升。

二 跨境制度匹配的路径选择

在跨境制度匹配过程中，企业面临的首要问题是以何种形式获得东道国所拥有的制度比较优势。在常见的三种国际市场进入模式中，技术贸易和许可受到了知识中间产品市场失灵、技术转移意愿和技术转移成本等方面的制约。与此相反，对外直接投资不但克服了上述问题，而且增强了企业在高附加值环节持续创新的能力。

（一）技术贸易和许可无法彻底解决低端锁定问题

"知识中间产品"市场失灵阻碍了技术贸易和许可。一般情况下，在全球生产链上，高附加值生产环节具有较高的资产专用性，并且面临着较高的契约摩擦。例如，据美国劳工部职业名称词典，"决策和问题解决"相关的工作不但"意会信息"（tacit information）相对密集，而且可契约化程度较低，企业在信息收集、契约签订和契约执行等方面的交易成本较高。在不完全市场条件下，不但企业的资产专用性投资面临着"锁定"和"机会主义"风险，而且生产诀窍、专有技术、管理技能、营销技巧等知识中间产品的价格也难以确定。在传统的国际生产方式下，企业通过内部化供应，以此来降低"知识中间产品"交易成本。由于高附加值环节在全球价值链上具有重要地位，而且不完全契约程度较高，根据全球外包理论，这些"知识中间产品"也难以通过技术许可的形式进行跨国转移。

技术转移意愿和成本也影响着产业结构升级的效果。即使对于那些已经标准化、可编码信息相对密集的先进技术，技术贸易也面临着诸多问题。技术贸易，尤其是军民两用的先进技术贸易，不单纯是一个经济问题，更是与国家安全、战略利益、外交政策密切相关的政治问题。为了维持本国企业在全球经济中的竞争地位，或者出于某种政治、军事或外交目的，技术先进国家经常有选择地限制或禁止某些先进技术或高技术产品的出口[1]。即使技术贸易和许可是"知识中间产品"可能的转移方式，这种交易方式还受到技术出口方或许可方技术转移意愿的制约，并且高额的技术产品价格和技术许可费使技术出让方获得高附加值，发展中国家自身的附加值仍然较低。

（二）对外直接投资可以获得持久的制度比较优势

对外直接投资降低了知识中间产品市场不完全引致的交易成本。为了避免这些额外的交易成本，加强对资产专用性投资的保护，以及通过产权激励促进契约执行，企业具有运用内部交易取代不完全的外部市场的倾向。如果在海外设立子公司或分公司，在全球范围内组织生产和协调分工，对上述知识中间产品加以利用和控制，就可以避免要素市场不完全对生产经营的不利影响。此外，对外直接投资不但可以节约签订和执行契约相关的费用，避免知识中间产品定价中存在的问题，而且还可以通过控制知识中间产品的生产来获得垄断优势。

跨国并购可以使企业直接获取东道国公司既定的制度比较优势。与此相关的理论观点主要有跳板观点（springboard perspective）和比较所有权优势观点。"跳板"观点认为，新兴市场跨国公司利用对外投资作为跳板，获取它们所需要的战略资产，避免它们在国内面临的制度和市场约束，以更有效地应对全球对手竞争[2]。比较所有权优势

---

[1] 余万里：《美国对华技术出口：管制及其限制》，《国际经济评论》2000 年第 4 期。

[2] Ramamurti, Ravi and Jitendra V. Singh, eds., *Emerging Multinationals in Emerging Markets*, Cambridge University Press, 2009.

理论认为，新兴市场跨国公司倾向于吸收目标公司在区位和要素禀赋方面的国家专用优势，并且把这种国家专用优势整合进它们自己的公司专用优势。如果新兴市场跨国公司内部化不同国家的资源，优化它们在价值链中的位置，并且沿着价值链上移，它们可能比国内没有国际化的企业获得更多的"蓝海"市场[①]。

跨境制度匹配有助于企业在高附加值环节获得持续的创新能力。从某种程度上来说，"跳板"观点和比较所有权优势理论研究的主要是战略资产寻求型跨国并购，更多地关注了目标公司既定的制度比较优势。然而，根据技术生命周期理论，新技术从引入到被淘汰通常经历萌芽期、成长期、成熟期和衰落期四个阶段，跨国并购所获取的既定的战略资产也将随着技术生命周期的演进而日趋贬值，战略资产所对应生产环节的附加值也日趋下降。为了持续占据高附加值生产阶段，企业必须继续利用东道国在创新体系、要素市场、法律制度和社会信任体系等方面的制度比较优势进行新一轮研发或品牌培育，从而获得持续的高附加值创造能力。

（三）对外直接投资有利于提升价值链地位

制度质量的高低直接影响着跨国公司向发展中国家转移技术水平的高低。雷蒙德·弗农从技术角度将产品生命周期划分为四个阶段：引入阶段、成熟阶段、标准化阶段和衰退阶段。因为在新产品引入阶段，技术尚不完善，生产和研发的专用性投资程度较高，无法运用一个完全契约对尚不完善的生产技术和专用性投资进行保护。虽然发展

---

① Sun, Sunny Li et al., "A Comparative Ownership Advantage Framework for Cross-Border M&As: The Rise of Chinese and Indian MNEs", *Journal of World Business*, Vol. 47, No. 1, 2012.

中国家生产成本较低，但制度质量与发达国家相比还存在较大差距，不能对专用性投资和知识产权进行充分保护，制度摩擦所造成的扭曲超过了生产成本优势。因此，在新产品引入阶段和成熟阶段，跨国公司只在制度质量较高的发达国家生产新产品；到了标准化阶段和衰退阶段，技术已经能够充分地界定清楚而且专用性投资程度降低，发展中国家较低的制度质量所带来的投资风险已大幅下降，此时跨国公司把生产活动转移到制度质量和生产成本较低的发展中国家。

通过对外直接投资可以融入东道国生产网络，进而促进母国企业功能升级或链条升级。在发展中国家价值链上，跨国公司采用的大多是标准化技术，国内企业与外资企业合作可以促进工艺升级和产品升级。然而，在发达国家价值链上，跨国公司采用的大多是更先进的技术，通过对外直接投资融入发达国家生产网络，发展中国家企业与当地技术先进企业合作可以促进功能升级。此外，通过向更低阶段发展中国家投资，发展中国家可以组建自己的生产网络，从而实现链条升级。

第 三 章

制度质量与国际投资模式选择

在高附加值生产环节跨境制度匹配过程中，正确地选择国际投资模式是发展中国家企业在东道国生存下来并获取较高生产力水平的重要保证。本章运用数理模型研究了母国和东道国制度质量、要素成本、运输成本以及组织成本对国际投资模式选择的影响。

◇ 第一节　基本假设

考虑企业国际化经营所面临的两个区位选择本国 d 和外国 f，国家 $l \in (d, f)$ 的总收入为 E_l，劳动力是唯一投入要素，外国与本国的相对工资是 $w = \frac{w_f}{w_d}$，相对制度质量为 $r = \frac{r_f}{r_d}$，相对知识存量为 $A = \frac{A_f}{A_d}$。

一　偏好

假设消费者对同质产品和差异化产品具有柯布—道格拉斯消费偏好，而对差异化产品具有常替代弹性（CES）消费偏好，消费者的效用函数为：

$$X_i = \left[\int_{i\in\Omega_i} q(i)^{\alpha_i} di\right]^{\frac{\beta}{\alpha_i}} q_0^{1-\beta}, \quad \alpha_i = \frac{\sigma_i - 1}{\sigma_i}, \quad \sigma_i > 1 \qquad (3-1)$$

其中，$q(i)$ 表示第 i 类产品的消费数量，q_0 表示同质产品的消费数量，σ_i 为差异化产品之间的替代弹性。由柯布—道格拉斯函数性质可知，β 为差异化产品消费支出在收入中所占的比例。

二 进入

假设这两个国家同一产业的固定进入成本 f_e 相等，而且 $f_e > 1$。在支付了固定进入成本 f_e 以后，在产业 j 种类 i 获得唯一的初始生产力水平 θ。事实上，f_e 是企业针对产业 j 种类 i 产品所进行的一种资产专用性投资，投入以后很难再移作他用，也可以说它是一种沉没成本。为了简化分析，如果企业以跨国并购的方式进入国际市场，我们假设并购目标价格为 $w f_e$。根据发展阶段理论，企业国际化是一个渐进的过程，出口、跨国并购和绿地投资所面临的不确定性及难度逐渐增大。因此，我们假设出口、跨国并购和绿地投资的组织成本数量分别为 f_x、f_m 和 f_g，其大小次序为 $f_x < f_m < f_g$。此外，如果企业通过出口进入国际市场，所出口商品要承担冰山类型的运输成本 $\tau > 1$。

根据产权结构和投资模式的不同组合，我们可以把海外子公司区分为通过绿地投资设立的国际独资企业、通过绿地投资设立的国际合资企业、通过跨国并购（灰地投资）得到的国际独资企业以及通过跨国并购得到的国际合资企业。由于绿地投资组织成本高于跨国并购组织成本，在面临同样的匹配摩擦情况下，通过跨国并购得到的国际合资企业优于通过绿地投资设立的国际合资企业。由于通过跨国并购（灰地投资）得到的国际独资企业不但要支付并购成本，而且还要支付基本上等同于绿地投资的重置成本，在现实经济中比较少见，通过绿地投资设立的国际独资企业占优于通过跨国并购（灰地投资）得到的国际独资企业。因此，本章主要探讨绿地投资的国际独资企业和跨国并购的国际合资企业。

三 企业

相对于传统国际生产方式而言，全球生产网络制度依赖性更强，即使同样的企业，投入同样的固定进入成本，在不同制度环境下所获得的生产力水平也有所差异，在资产专用性和契约摩擦程度较高的高附加值环节尤其如此。从全球视角来看，不同国家或地区的制度环境可能不同，不同生产阶段对制度要求也有所差异，在制度环境与全球生产链匹配过程中，不同国家在不同生产环节呈现出不同的比较优势。

除了进入成本以外，企业自身条件 δ_l，$l \in (d, f)$ 以及行业知识存量 A_l，$l \in (d, f)$ 也是生产力水平的重要影响因素。如果外国被并购企业自身条件为 δ_f，本国实施并购企业的自身条件为 δ_d，外国被并购企业相对于本国企业的自身条件为 $\delta = \dfrac{\delta_f}{\delta_d}$。

对于新进入企业来说，行业知识存量有利于获得更高生产力水平，即存在"站在肩上"效应。但作为后来者，相对于前期进入企业来说，其创新也更难，即存在"钓鱼效应"。当"站在肩上"效应与"钓鱼效应"正好相互抵消时，知识存量的影响 φ 等于 0，即企业获得生产力水平独立于行业知识存量。在大部分情况下，我们假设 0 <

$\varphi < 1$。

针对产业 j 种类 i 产品进行了数量为 f_e 的资产专用性投资以后，企业所获得的生产力水平为：

$$\theta = \delta_l f_e^{r_l} A_l^{\varphi} \qquad (3-2)$$

我们把出口看作企业运用自身条件和国内知识存量在国内生产，资产专用性投资面临的制度质量为 r^d，企业获得的生产力水平 θ_x 为 $\delta_d f_e^{r_d} A_d^{\varphi}$。我们把跨国并购看作运用东道国并购目标企业条件和国外知识存量在国外生产，把绿地投资看作运用自身条件和国内知识存量在国外生产，这两种情况下资产专用性投资所面临的制度质量都为 r^f。由于社会文化差异，跨国并购双方面临着匹配摩擦，这可能招致企业效率损失。如果我们用 z 表示跨国并购子公司实际实现的生产力水平与不存在匹配摩擦情况下生产力水平之比，跨国并购情况下企业获得的生产力水平 θ_m 为 $z \delta_f f_e^{r_f} A_f^{\varphi}$，企业绿地投资情况下所获得的生产力水平 θ_g 为 $\delta_d f_e^{r_f} A_d^{\varphi}$。

◇◇ 第二节　利润函数

基于消费者偏好假设、企业进入成本和组织成本假设，我们可以得到出口、绿地投资与跨国并购的利润函数。

一　一般形式的利润函数

在产品市场上，消费者在预算约束下寻求效用最大化：

$$\max \left[\int_{i \in \Omega_i} q(i)^{\alpha_i} di \right]^{\frac{1}{\alpha_i}}$$

$$\text{St.} \sum_{i=1}^{n} p(i)q(i) = \beta E \quad (3-3)$$

通过最优化求解，我们可以得到产品 i 需求函数：

$$q(i) = \frac{\beta E p_i^{-\sigma_i}}{P^{1-\sigma_i}} \quad (3-4)$$

其中 $P = \left[\int_{i \in \Omega_i} p(i)^{1-\sigma_i} di\right]^{\frac{1}{1-\sigma_i}}$ 表示行业总价格指数。

如果企业生产力水平高低最终体现为单位劳动产出数量，在绿地投资和跨国并购情况下，单位产出边际成本 c 为 $\frac{w_l}{\theta}$；在出口情况下，单位产出边际成本 c 为 $\frac{\tau w_l}{\theta}$。根据成本加成定价法，在跨国并购和绿地投资情况下，差异化产品的价格 p_i 为 $\frac{w_l}{\alpha_i \theta}$；在出口情况下，差异化产品 i 的价格则为 $\frac{\tau w_l}{\alpha_i \theta}$。

在不考虑固定成本、运输成本和匹配摩擦时，企业销售利润为：

$$\begin{aligned}\pi &= p_i q_i - MC q_i \\ &= (1 - \alpha_i) p_i q_i \\ &= \frac{1}{\sigma_i} \frac{\beta E (p_i)^{1-\sigma_i}}{P^{1-\sigma_i}} \\ &= \frac{\beta E P^{\sigma_i - 1}}{\sigma_i \alpha_i^{1-\sigma_i}} \left(\frac{\theta}{w_l}\right)^{\sigma_i - 1} \quad (3-5)\end{aligned}$$

如果用 $M = \frac{\beta E P^{\sigma_i - 1}}{\sigma_i \alpha_i^{1-\sigma_i}}$ 表示差异化产品的剩余需求，式（3-5）可以进一步简化为：

$$\pi = \frac{\beta E P^{\sigma_i - 1}}{\sigma_i \alpha_i^{1-\sigma_i}} \left(\frac{\theta}{w_l}\right)^{\sigma_i - 1}$$

$$= M\left(\frac{\theta}{w_l}\right)^{\sigma_i-1} \qquad (3-6)$$

二 出口、跨国并购和绿地投资的利润函数

考虑运输成本、匹配摩擦以及外国工资计价的固定成本和组织成本后,出口企业、跨国并购和绿地投资的净利润分别为①:

$$\Pi_x = M\left[\frac{\delta_d f_e^r A_d^\varphi}{w_d \tau}\right]^{\sigma_i-1} - w_f(f_e + f_x) \qquad (3-7)$$

$$\Pi_m = M\left[\frac{z\delta_f f_e^r A_f^\varphi}{w_f}\right]^{\sigma_i-1} - w_f(f_e + f_m) \qquad (3-8)$$

$$\Pi_g = M\left[\frac{\delta_d f_e^r A_d^\varphi}{w_f}\right]^{\sigma_i-1} - w_f(f_e + f_g) \qquad (3-9)$$

出口、跨国并购和绿地投资的临界制度质量分别为②:

$$f_e^{r_x(\sigma_i-1)} = \frac{w_f(f_e + f_x)}{M\left[\frac{\delta_d A_d^\varphi}{w_d \tau}\right]^{\sigma_i-1}} \qquad (3-10)$$

$$f_e^{r_m(\sigma_i-1)} = \frac{w_f(f_e + f_m)}{M\left[\frac{z\delta_f A_f^\varphi}{w_f}\right]^{\sigma_i-1}} \qquad (3-11)$$

$$f_e^{r_g(\sigma_i-1)} = \frac{w_f(f_e + f_g)}{M\left[\frac{\delta_d A_d^\varphi}{w_f}\right]^{\sigma_i-1}} \qquad (3-12)$$

出口与跨国并购利润相等时的临界制度质量为:

---

① 为了求解各种情形下的临界制度质量,这里制度质量统一用 r 表示。
② 由于产业固定进入成本和差异化产品替代弹性均为大于 1 的常数,为了使公式和图像更加简洁,我们以此种方式表示临界制度质量。

$$f_e^{f_{sm}(\sigma_i-1)} = \frac{w_f(f_m - f_x)}{M[(\frac{z\delta_f A_f^\varphi}{w_f})^{\sigma_i-1} - (\frac{\delta_d A_d^\varphi}{w_d\tau})^{\sigma_i-1}]} \quad (3-13)$$

出口与绿地投资利润相等时的临界制度质量为：

$$f_e^{f_{xg}(\sigma_i-1)} = \frac{w_f(f_g - f_x)}{M[(\frac{\delta_d A_d^\varphi}{w_f})^{\sigma_i-1} - (\frac{\delta_d A_d^\varphi}{w_d\tau})^{\sigma_i-1}]} \quad (3-14)$$

跨国并购与绿地投资利润相等时的临界制度质量为：

$$f_e^{f_{mg}(\sigma_i-1)} = \frac{w_f(f_g - f_m)}{M[(\frac{\delta_d A_d^\varphi}{w_f})^{\sigma_i-1} - (\frac{z\delta_f A_f^\varphi}{w_f})^{\sigma_i-1}]} \quad (3-15)$$

◇◇第三节　国际投资模式选择

基于外国相对要素成本与生产力创造基础的比较，本节分类探讨了不同制度质量下企业国际市场进入模式的选择。

一　外国要素成本优势小于生产力创造劣势

在这种情况下，跨国并购时外国生产力创造的基础劣于本国（即 $z\delta A^\varphi < 1$），外国要素成本低于本国要素成本与运输成本的乘积（即 $\frac{w}{\tau} < 1$），并且在数值上外国的后一种优势小于前一种劣势，即 $0 < \frac{w}{\tau} <$

$z\delta A^{\varphi} < 1$①。当满足以上条件时，绿地投资利润函数的斜率大于跨国并购利润函数的斜率，跨国并购利润函数的斜率大于出口利润函数的斜率。

下面我们进一步考察固定组织成本差异对国际投资模式选择的影响：

情形一：$\dfrac{f_e+f_x}{\left(\dfrac{w}{\tau}\right)^{\sigma_i-1}} < \dfrac{f_e+f_m}{(z\delta A^{\varphi})^{\sigma_i-1}} < \dfrac{f_m-f_x}{(z\delta A^{\varphi})^{\sigma_i-1}-\left(\dfrac{w}{\tau}\right)^{\sigma_i-1}} <$

$\dfrac{f_g-f_m}{1-(z\delta A^{\varphi})^{\sigma_i-1}}$，见图 3—1。

在情形一下，出口对本国制度质量要求较低，而跨国并购和绿地投资对外国制度质量要求相对较高。企业国际化经营参与条件是：当 $r_d < r_x$ 且 $r_f < r_m$ 时，企业不参与国际化经营；当 $r_d < r_x$ 且 $r_f > r_m$ 时，企业只通过国际投资参与国际化经营；当 $r_d > r_x$ 且 $r_f < r_m$ 时，企业只通过出口参与国际化经营；当 $r_d > r_x$ 且 $r_f > r_m$ 时，企业有多种国际市场进入模式②。当 $r_d = r_f = r_{xm}$ 时，企业在出口和跨国并购之间的选择是无差异的；当 $r_f = r_{mg}$ 时，企业在跨国并购和绿地投资之间的选择是无差异的。

---

① 文中 $\dfrac{w}{\tau} = \dfrac{w_f}{w_d\tau}$。其中，$\dfrac{w}{\tau}$ 是考虑了冰山类型运输成本后的外国要素相对成本，w_f 是原始的外国要素成本，$w_d\tau$ 是本国要素成本与运输成本的乘积。为了更加简洁，本节"外国要素成本"指考虑了冰山类型运输成本后的外国要素相对成本，与其他章节中的"外国要素成本 w_f"略有不同。另外，当企业计划投资于某一生产环节时，它面临着既定的自身条件 δ_l，$l \in (d, f)$，以及行业知识存量 A_l，$l \in (d, f)$，这些是其生产力创造的基础。由于固定进入成本具有较强的资产专用性，制度依赖性较强，最终实现的生产力水平还受到国家制度质量影响。

② 由于 f_e 和 σ_i 均为常数，而且二者均大于 1，r_f、r_d、r_x、r_m、r_{xm} 和 r_{mg} 的大小次序与 $f_e^{r_f(\sigma_i-1)}$、$f_e^{r_d(\sigma_i-1)}$、$f_e^{r_x(\sigma_i-1)}$、$f_e^{r_m(\sigma_i-1)}$、$f_e^{r_{xm}(\sigma_i-1)}$、$f_e^{r_{xg}(\sigma_i-1)}$ 和 $f_e^{r_{mg}(\sigma_i-1)}$ 的次序相同。

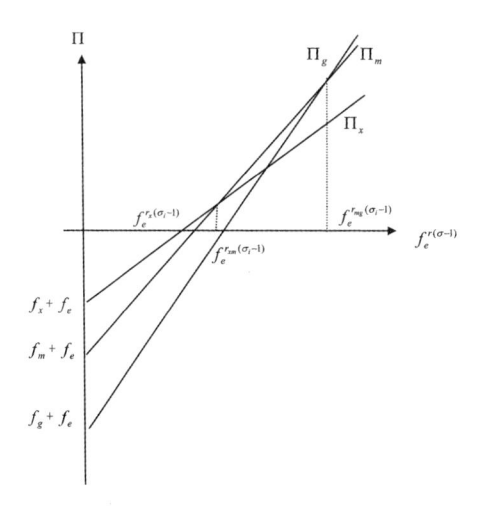

图 3—1　情形一

注：由于页面限制，下文中所有图像的横坐标没有全部标出，在此统一说明：Π_x、Π_m、Π_g 与横轴交点的横坐标分别为 $f_e^{r_x(\sigma_i-1)}$、$f_e^{r_m(\sigma_i-1)}$、$f_e^{r_g(\sigma_i-1)}$；Π_x 与 Π_m 交点横坐标、Π_x 与 Π_g 交点横坐标、Π_m 与 Π_g 交点横坐标分别 $f_e^{r_{xm}(\sigma_i-1)}$、$f_e^{r_{xg}(\sigma_i-1)}$、$f_e^{r_{mg}(\sigma_i-1)}$。

资料来源：笔者自绘。

在满足国际化经营参与条件且国内外制度质量相同的情况下，当 $r_x < r_d < r_{mg}$，$r_m < r_f < r_{mg}$ 时，跨国并购总是优于绿地投资。当制度质量低于 r_{xm} 时，企业最优决策是出口，而当制度质量高于 r_{xm} 时，其最优决策是跨国并购。当 $r_d = r_f > r_{mg}$ 时，绿地投资总是优于跨国并购。

在满足国际化经营参与条件，但国内外制度质量存在差异的情况下，企业国际市场进入模式选择就更加多元化了。当 $r_x < r_d < r_{mg}$，$r_m < r_f < r_{mg}$ 时，即使在 r_{xm} 之前，如果 r_d 和 r_f 满足 $f_e^{r_f(\sigma_i-1)} > \dfrac{w_f(f_m - f_x)(w_d\tau)^{\sigma-1} + M(\delta_d f_e^{r_d} A_d^\varphi)^{\sigma_i-1}}{M\left(\dfrac{z\delta_f A_f^\varphi \tau}{w}\right)^{\sigma_i-1}}$，企业也可以选

择跨国并购；在 r_{xm} 之后，如果 r_d 和 r_f 满足 $f_e^{r_f(\sigma_i-1)} < \dfrac{w_f(f_m-f_x)(w_d\tau)^{\sigma-1}+M(\delta_d f_e^{r_d} A_d^\varphi)^{\sigma_i-1}}{M(\dfrac{z\delta_f A_f^\varphi \tau}{w})^{\sigma_i-1}}$，企业也可以选择出口。当 $r_f > r_{mg}$ 时，如果 r_d 和 r_f 满足 $f_e^{r_f(\sigma_i-1)} > \dfrac{w_f(f_g-f_x)(w_d\tau)^{\sigma-1}}{M(\dfrac{\delta_d A_d^\varphi}{w})^{\sigma_i-1}} +$

$(\dfrac{w}{\tau}f_e^{r_d})^{\sigma-1}$，企业国际市场进入模式是绿地投资；如果本国制度质量足够高（或外国制度质量足够低）时，即当 $f_e^{r_f(\sigma-1)} < \dfrac{w_f(f_g-f_x)(w_d\tau)^{\sigma-1}}{M(\dfrac{\delta_d A_d^\varphi}{w})^{\sigma_i-1}} + (\dfrac{w}{\tau}f_e^{r_d})^{\sigma-1}$ 时，出口也是企业国际化经营的选项之一。例如，资产专用性强、契约摩擦程度高生产环节对制度质量比较敏感，而发展中国家制度质量相对较低，发达国家在这些环节更多地对发展中国家出口，而不是跨国并购或绿地投资。

情形二：$\dfrac{f_m - f_x}{(z\delta A^\varphi)^{\sigma-1} - (\dfrac{w}{\tau})^{\sigma-1}} < \dfrac{f_e + f_m}{(z\delta A^\varphi)^{\sigma-1}} < \dfrac{f_e + f_x}{(\dfrac{w}{\tau})^{\sigma-1}} < f_e + f_g$，见图 3—2（a）。

或者 $\dfrac{f_m - f_x}{(z\delta A^\varphi)^{\sigma-1} - (\dfrac{w}{\tau})^{\sigma-1}} < \dfrac{f_e + f_m}{(z\delta A^\varphi)^{\sigma-1}} < f_e + f_g < \dfrac{f_e + f_x}{(\dfrac{w}{\tau})^{\sigma-1}}$，见图 3—2（b）。

在情形二下，跨国并购对制度质量要求最低。根据出口和绿地投资临界制度质量大小次序，情形二又可以进一步区分为图 3—2（a）和图 3—2（b）两种情形。在图 3—2（a）中，出口临界制度质量（对本国的制度质量要求）介于跨国并购和绿地投资临界制度质量

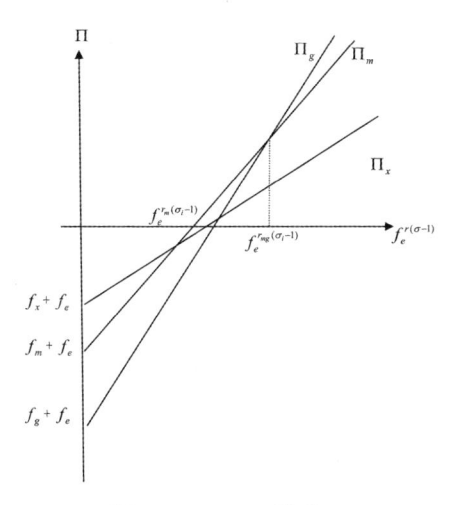

图 3—2（a） 情形二

资料来源：笔者自绘。

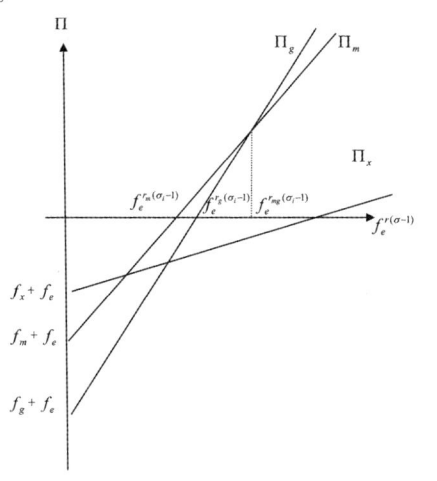

图 3—2（b） 情形二

资料来源：笔者自绘。

（对外国的制度质量要求）之间，即 $r_m < r_x < r_g$。在图 3—2（b）中，出口对本国制度质量要求很高，其临界制度质量大于跨国并购和绿地投资临界制度质量，即 $r_m < r_g < r_x$。

在情形二下，企业参与国际化经营条件与情形一基本相同。但是，在图3—2（a）和和图3—2（b）中，$r_d = r_f = r_{xm}$时，企业不满足国际化经营参与条件。在满足国际化经营参与条件，而且国内外制度质量相同情况下，企业不会从事出口贸易；当$r_m < r_f < r_{mg}$时，跨国并购优于绿地投资，而当$r_f > r_{mg}$时，绿地投资则是较好的选择。

在国内外制度质量存在差异的情况下，如果国内制度质量较高，企业也有机会出口。当$r_d > r_x$且$r_m < r_f < r_{mg}$时，如果r_d和r_f满足

$$f_e^{r_f(\sigma_i-1)} < \frac{w_f(f_m-f_x)(w_d\tau)^{\sigma-1}+M(\delta_d f_e^{r_d} A_d^\varphi)^{\sigma_i-1}}{M\left(\dfrac{z\delta_f A_f^\varphi \tau}{w}\right)^{\sigma_i-1}}$$，或者当$r_d > r_x$且

$r_f > r_{mg}$时，如果r_d和r_f满足$f_e^{r_f(\sigma-1)} < \dfrac{w_f(f_g-f_x)(w_d\tau)^{\sigma-1}}{M\left(\dfrac{\delta_d A_d^\varphi}{w}\right)^{\sigma_i-1}} + \left(\dfrac{w}{\tau}f_e^{r_d}\right)^{\sigma-1}$

时，企业也可能选择出口。如果r_d和r_f不满足上述不等式，则国际市场进入模式选择与制度质量相同时类似。

情形三：$\dfrac{f_g - f_m}{1-(z\delta A^\varphi)^{\sigma_i-1}} < f_e + f_g < \dfrac{f_m - f_x}{(z\delta A^\varphi)^{\sigma_i-1} - \left(\dfrac{w}{\tau}\right)^{\sigma_i-1}} <$

$\dfrac{f_e + f_m}{(z\delta A^\varphi)^{\sigma_i-1}} < \dfrac{f_e + f_x}{\left(\dfrac{w}{\tau}\right)^{\sigma_i-1}}$，见图3—3（a）。

或者$\dfrac{f_g - f_m}{1-(z\delta A^\varphi)^{\sigma_i-1}} < \dfrac{f_m - f_x}{(z\delta A^\varphi)^{\sigma_i-1} - \left(\dfrac{w}{\tau}\right)^{\sigma_i-1}} < f_e + f_g < \dfrac{f_e + f_x}{\left(\dfrac{w}{\tau}\right)^{\sigma_i-1}} <$

$\dfrac{f_e + f_m}{(z\delta A^\varphi)^{\sigma_i-1}}$，见图3—3（b）。

在情形三下，绿地投资对制度质量要求最低。根据绿地投资、出口和跨国并购临界制度质量排序，情形三又可以进一步区分为图3—3（a）（$r_g < r_m < r_x$）和图3—3（b）（$r_g < r_x < r_m$）两种情形。

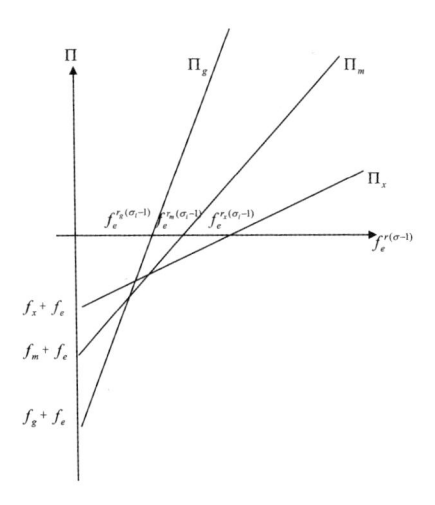

图 3—3（a） 情形三

资料来源：笔者自绘。

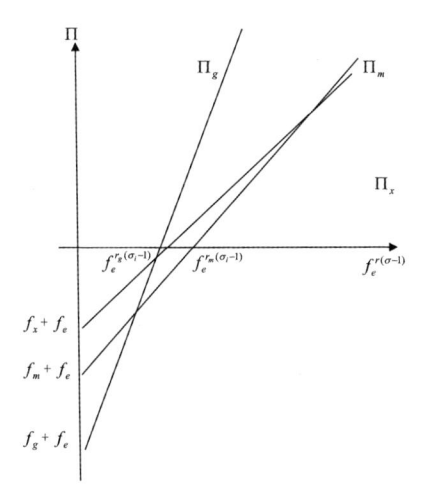

图 3—3（b） 情形三

资料来源：笔者自绘。

与情形一下企业参与国际化经营条件略有不同，在情形三下：当 $r_d < r_x$ 且 $r_f < r_g$ 时，企业不参与国际化经营；当 $r_d < r_x$ 且 $r_f > r_g$ 时，企业只能通过国际投资参与国际化经营；当$r_d > r_x$且$r_f < r_g$时，企业只能通过出口参与国际化经营；当$r_d > r_x$且$r_f > r_g$时，企业可以有多种国际市场进入模式。

在满足国际化经营参与条件且国内外制度质量相同的情况下，在图3—3（a）中，在制度质量为r_{xm}、r_{mg}和r_{xg}时，无论出口、跨国并购还是绿地投资的利润均为负；在图3—3（b）中，虽然在制度质量为r_{xm}时，出口和跨国并购利润为正，但是同等制度质量条件下绿地投资优于跨国并购，企业不会从事出口贸易和跨国并购，而且当$r_f > r_g$时，绿地投资则是最好的选择。

在国内外制度质量不相同的情况下，企业也有出口的可能。例如，当$r_d > r_x$、$r_f > r_g$，而且r_d和r_f满足$f_e^{r_f(\sigma-1)} > \dfrac{w_f (f_g - f_x)(w_d \tau)^{\sigma-1}}{M(\dfrac{\delta_d A_d^\varphi}{w})^{\sigma-1}} + (\dfrac{w}{\tau} f_e^{r_d})^{\sigma-1}$时，企业选择绿地投资；反之，当$r_d$和$r_f$满足$f_e^{r_f(\sigma-1)} < \dfrac{w_f (f_g - f_x)(w_d \tau)^{\sigma-1}}{M(\dfrac{\delta_d A_d^\varphi}{w})^{\sigma-1}} + (\dfrac{w}{\tau} f_e^{r_d})^{\sigma-1}$时，企业较好的选择是出口。

二 外国要素成本优势大于生产力创造劣势

在这种情况下，跨国并购时外国生产力创造基础劣于本国（即$z\delta A^\varphi < 1$），外国要素成本低于本国要素成本与运输成本的乘积（即$\dfrac{w}{\tau} < 1$），并且在数值上外国的后一种优势大于前一种劣势，即$z\delta A^\varphi < \dfrac{w}{\tau} < 1$。当满足以上条件时，绿地投资利润函数的斜率大于出口利润函数的斜率，出口利润函数的斜率大于跨国并购利润函数的斜率。

下面我们进一步考察固定组织成本差异对国际投资模式选择的影响。

情形四：$\dfrac{f_e+f_x}{(\frac{w}{\tau})^{\sigma_i-1}} < \dfrac{f_e+f_m}{(z\delta A^\varphi)^{\sigma_i-1}} < f_e+f_g < \dfrac{f_g-f_m}{1-(z\delta A^\varphi)^{\sigma_i-1}} < \dfrac{f_g-f_x}{1-(\frac{w}{\tau})^{\sigma_i-1}}$，见图3—4。

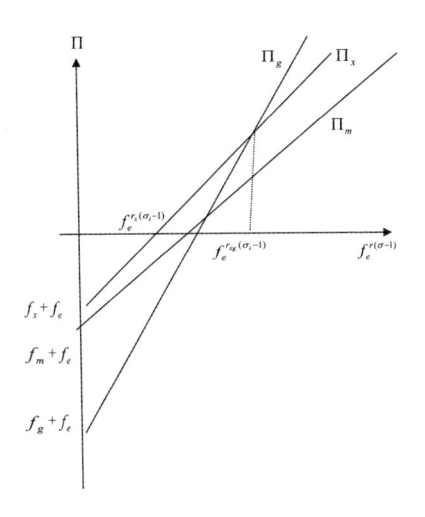

图3—4 情形四

资料来源：笔者自绘。

在情形四下，企业国际化经营参与条件与情形一类似。

在满足国际化经营参与条件且国内外制度质量相同的情况下，由于出口总是优于跨国并购，如果 $r_f > r_g$，企业只会在出口和绿地投资之间选择。当 $r_f > r_{xg}$ 时，绿地投资是最优选择；当 $r_x < r_d < r_{xg}$ 时，企业选择出口。

在国内外制度质量存在差异的情况下，企业国际投资模式选择可能因制度质量差异而不同。当 $r_x < r_d < r_{mg}$ 且 $r_m < r_f < r_g$ 时，如果 r_d 和 r_f 满足 $f_e^{r_f(\sigma_i-1)} > \dfrac{w_f(f_m-f_x)(w_d\tau)^{\sigma-1} + M(\delta_d f_e^{r_d} A_d^\varphi)^{\sigma-1}}{M\left(\dfrac{z\delta_f A_f^\varphi \tau}{w}\right)^{\sigma_i-1}}$，企业可以选择跨国并购。当 $r_x < r_d$ 且 $r_g < r_f < r_{xg}$ 时，企业国际投资模式选择与情形三类似。

情形五：$\dfrac{f_g - f_m}{1 - (z\delta A^\varphi)^{\sigma_i-1}} < \dfrac{f_e + f_x}{\left(\dfrac{w}{\tau}\right)^{\sigma_i-1}} < f_e + f_g < \dfrac{f_g - f_x}{1 - \left(\dfrac{w}{\tau}\right)^{\sigma_i-1}} <$

$\dfrac{f_e + f_m}{(z\delta A^\varphi)^{\sigma_i-1}}$，见图 3—5。

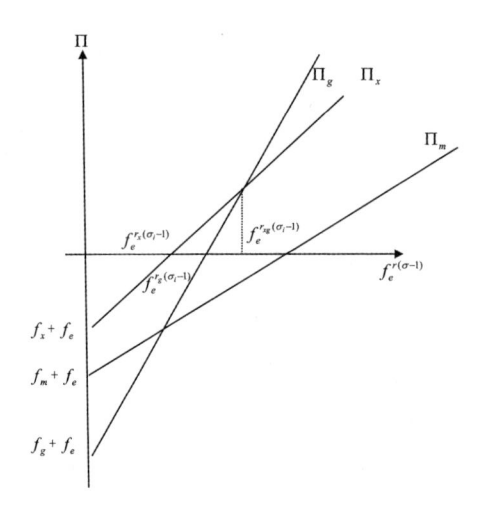

图 3—5　情形五

资料来源：笔者自绘。

在情形五下，出口、绿地投资和跨国并购临界制度质量依次增高。在利润为正的情况下，绿地投资总是优于跨国并购，企业国际化经营参与条件与情形三基本相同。

在满足国际化经营参与条件且国内外制度质量相同的情况下，企业国际市场进入模式选择与情形四基本相同。

在国内外制度质量不同的情况下，企业的国际市场进入模式选择与情形三类似。

情形六：$\dfrac{f_g - f_m}{1 - (z\delta A^\varphi)^{\sigma_i - 1}} < \dfrac{f_g - f_x}{1 - (\frac{w}{\tau})^{\sigma_i - 1}} < f_e + f_g < \dfrac{f_e + f_x}{(\frac{w}{\tau})^{\sigma_i - 1}} < \dfrac{f_e + f_m}{(z\delta A^\varphi)^{\sigma_i - 1}}$，见图3—6。

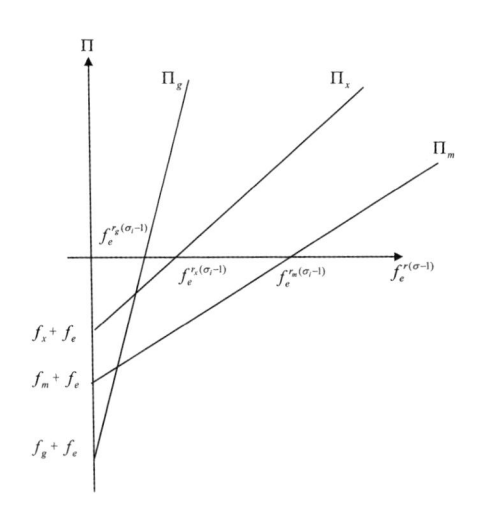

图3—6 情形六

资料来源：笔者自绘。

在情形六下，绿地投资对制度质量的要求是最低的，跨国并购对制度质量的要求是最高的。在相同制度质量条件下，绿地投资总是优于跨国并购。企业国际化经营参与条件与情形三和情形五类似。

与情形五不同的是，在满足国际化经营参与条件且国内外制度质量相同的情况下，企业只会选择绿地投资。在国内外制度质量不同的情况下，企业的国际市场进入模式选择与情形三相似。

三 外国同时具有要素成本优势和生产力创造优势

在这种情况下，跨国并购时外国生产力创造的基础优于本国（即 $z\delta A^{\varphi} > 1$），外国要素成本低于本国要素成本与运输成本的乘积（即 $\frac{w}{\tau} < 1$）。当满足以上条件时，跨国并购利润函数的斜率大于绿地投资利润函数的斜率，绿地投资利润函数的斜率大于出口利润函数的斜率。

下面我们进一步考察固定组织成本差异对国际投资模式选择的影响。

情形七：$\frac{f_m - f_x}{(z\delta A^{\varphi})^{\sigma_i - 1} - (\frac{w}{\tau})^{\sigma_i - 1}} < \frac{f_e + f_m}{(z\delta A^{\varphi})^{\sigma_i - 1}} < \frac{f_e + f_x}{(\frac{w}{\tau})^{\sigma_i - 1}} < f_e + f_g$，见图3—7（a）。

或者 $\frac{f_m - f_x}{(z\delta A^{\varphi})^{\sigma_i - 1} - (\frac{w}{\tau})^{\sigma_i - 1}} < \frac{f_e + f_m}{(z\delta A^{\varphi})^{\sigma_i - 1}} < f_e + f_g < \frac{f_e + f_x}{(\frac{w}{\tau})^{\sigma_i - 1}}$，见图3—7（b）。

在情形七下，跨国并购对外国制度质量要求最低，而且低于出口对本国的制度质量要求。根据出口和绿地投资临界制度质量大小次序，情形七又可以进一步区分为图3—7（a）和图3—7（b）两种情形。在图3—7（a）中，出口的临界制度质量介于跨国并购和绿地投资的临界制度质量之间，即 $r_m < r_x < r_g$；在图3—7（b）中，出口对

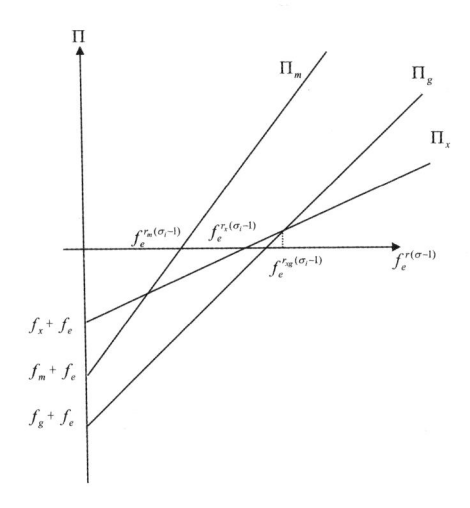

图3—7（a） 情形七

资料来源：笔者自绘。

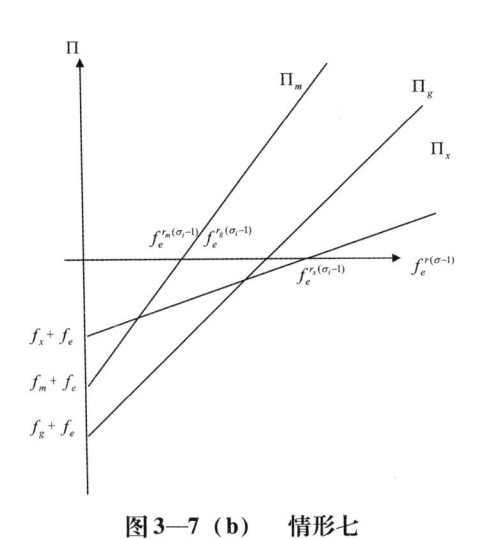

图3—7（b） 情形七

资料来源：笔者自绘。

本国制度质量要求很高，绿地投资的临界制度质量位于跨国并购和出口的临界制度质量之间，即 $r_m < r_g < r_x$。

企业国际化经营参与条件是：当 $r_d < r_x$ 且 $r_f < r_m$ 时，企业不参与国际化经营；当 $r_d < r_x$ 且 $r_f > r_m$ 时，企业只通过国际投资参与国际化经营；当 $r_d > r_x$ 且 $r_f < r_m$ 时，企业只通过出口参与国际化经营；当 $r_d > r_x$ 且 $r_f > r_m$ 时，企业可以有多种国际市场进入模式。

在满足企业国际化经营参与条件，而且国内外制度质量相同情况下，跨国并购总是优于绿地投资，而且在利润为正的情况下也优于出口，企业只选择跨国并购。

在国内外制度质量存在差异的情况下，企业也有出口的可能性。当 $r_d > r_x$ 且 $r_f > r_m$ 时，如果 r_d 和 r_f 满足 $f_e^{r_f(\sigma_i-1)} > \dfrac{w_f(f_m-f_x)(w_d\tau)^{\sigma-1}+M(\delta_d f_e^{r_d} A_d^\varphi)^{\sigma-1}}{M(\dfrac{z\delta_f A_f^\varphi \tau}{w})^{\sigma_i-1}}$，企业选择跨国并购；如果 r_d 和 r_f 满足 $f_e^{r_f(\sigma_i-1)} < \dfrac{w_f(f_m-f_x)(w_d\tau)^{\sigma-1}+M(\delta_d f_e^{r_d} A_d^\varphi)^{\sigma-1}}{M(\dfrac{z\delta_f A_f^\varphi \tau}{w})^{\sigma_i-1}}$，企业也可以选择出口。

情形八：$\dfrac{f_e+f_x}{(\dfrac{w}{\tau})^{\sigma_i-1}} < \dfrac{f_e+f_m}{(z\delta A^\varphi)^{\sigma_i-1}} < \dfrac{f_m-f_x}{(z\delta A^\varphi)^{\sigma_i-1}-(\dfrac{w}{\tau})^{\sigma_i-1}} < f_e+f_g < \dfrac{f_g-f_x}{1-(\dfrac{w}{\tau})^{\sigma_i-1}}$，见图 3—8。

在情形八下，出口的临界制度质量最低，绿地投资的临界制度质量最高，而跨国并购的临界制度质量介于二者之间。由于跨国并购总是优于绿地投资，企业国际化经营参与条件与情形七类似。当 $r_d = r_f = r_{xm}$ 时，企业在出口和跨国并购之间的选择是无差异的。

在满足国际化经营参与条件且国内外制度质量相同的情况下，当

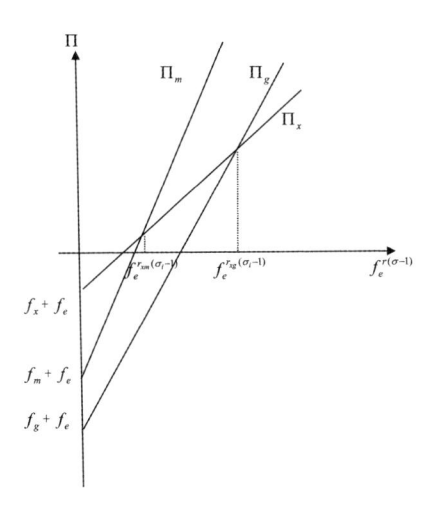

图 3—8 情形八

资料来源：笔者自绘。

$r_d = r_f < r_{xm}$时，企业选择出口；当$r_d = r_f > r_{xm}$时，企业选择跨国并购。

在国内外制度质量存在差异的情况下，企业国际市场进入模式选择与情形七类似。

四 外国要素成本劣势小于生产力创造优势

在这种情况下，跨国并购时外国生产力创造的基础优于本国（即$z\delta A^\varphi > 1$），外国要素成本高于本国要素成本与运输成本的乘积（即$\frac{w}{\tau} > 1$），并且在数值上生产力创造优势大于成本劣势，即$1 < \frac{w}{\tau} < z\delta A^\varphi$。当满足以上条件时，跨国并购利润函数的斜率大于出口利润函数的斜率，出口利润函数的斜率大于绿地投资利润函数的斜率。

下面我们进一步考察固定组织成本差异对国际投资模式选择的影响。

情形九：$\dfrac{f_e+f_x}{\left(\dfrac{w}{\tau}\right)^{\sigma_i-1}} < \dfrac{f_e+f_m}{(z\delta A^\varphi)^{\sigma_i-1}} < \dfrac{f_m-f_x}{(z\delta A^\varphi)^{\sigma_i-1}-\left(\dfrac{w}{\tau}\right)^{\sigma_i-1}} < f_e+f_g$，见

图 3—9。

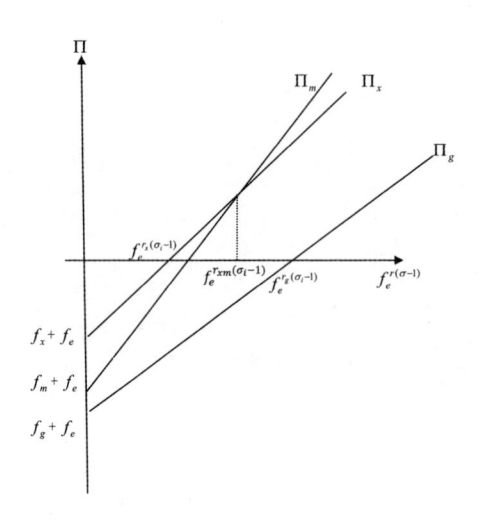

图 3—9　情形九

资料来源：笔者自绘。

在情形九下，出口、跨国并购和绿地投资的临界制度质量高低排序与情形八相同。二者不同的是，在情形八下，出口与绿地投资利润函数图像相交时的利润和制度质量 r_{xg} 均为正值，而在情形九下均为负值。

由于跨国并购总是优于绿地投资，情形九也只需要考虑出口与跨国并购之间的选择。在情形九下，企业国际化经营参与条件以及国际市场进入模式选择都与情形八类似。

情形十：$\dfrac{f_m-f_x}{(z\delta A^\varphi)^{\sigma_i-1}-\left(\dfrac{w}{\tau}\right)^{\sigma_i-1}} < \dfrac{f_e+f_m}{(z\delta A^\varphi)^{\sigma_i-1}} < \dfrac{f_e+f_x}{\left(\dfrac{w}{\tau}\right)^{\sigma_i-1}} < f_e+f_g$，见

图 3—10。

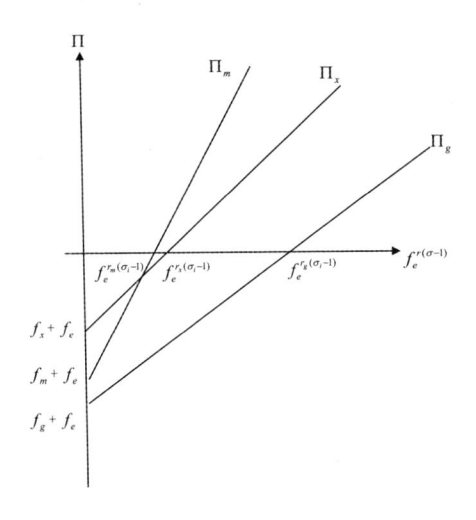

图 3—10 情形十

资料来源：笔者自绘。

在情形十下，跨国并购的临界制度质量最低，绿地投资的临界制度质量最高，出口的临界制度质量居中。由于跨国并购总是优于绿地投资，企业国际化经营参与条件也与情形七类似。

在满足企业国际化经营参与条件下，无论国内外制度质量是否相同，企业国际市场进入模式选择都与情形七类似。

五 外国要素成本劣势大于生产力创造优势

在这种情况下，跨国并购时外国生产力创造基础优于本国（即 $z\delta A^{\varphi} > 1$），外国要素成本高于本国要素成本与运输成本的乘积（即 $\frac{w}{\tau} > 1$），并且在数值上生产力创造优势小于成本劣势。当满足以上条件时，出口利润函数的斜率大于跨国并购利润函数的斜率，跨国并购利润函数的斜率大于绿地投资利润函数的斜率。

下面我们进一步考察固定组织成本差异对国际投资模式选择的影响。

情形十一：$\dfrac{f_e+f_x}{(\frac{w}{\tau})^{\sigma_i-1}} < \dfrac{f_e+f_m}{(z\delta A^{\varphi})^{\sigma_i-1}} < f_e+f_g$，见图3—11。

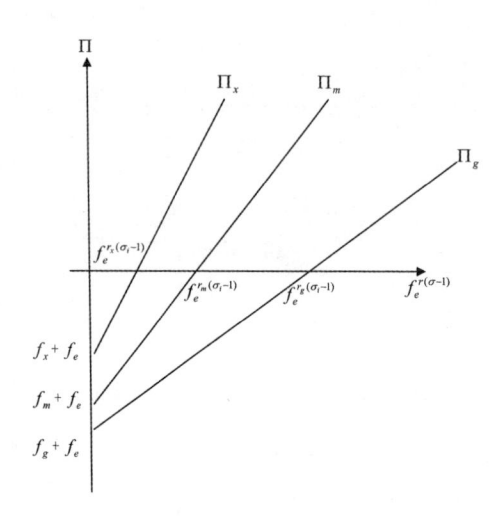

图3—11　情形十一

资料来源：笔者自绘。

在情形十一下，出口的临界制度质量最低，绿地投资的临界制度质量最高，跨国并购的临界制度质量居中。由于跨国并购总是优于绿地投资，企业国际化经营参与条件和国际市场进入模式选择也与情形七类似。

六　外国同时具有要素成本劣势和生产力创造劣势

在这种情况下，跨国并购时外国生产力创造的基础劣于本国（即

$z\delta A^{\varphi} < 1$），外国要素成本高于本国要素成本与运输成本的乘积（即 $\frac{w}{\tau} > 1$）。当满足以上条件时，出口利润函数的斜率大于绿地投资利润函数的斜率，绿地投资利润函数的斜率大于跨国并购利润函数的斜率。

下面我们进一步考察固定组织成本差异对国际投资模式选择的影响。

情形十二：$\dfrac{f_e + f_x}{\left(\dfrac{w}{\tau}\right)^{\sigma_i - 1}} < \dfrac{f_e + f_m}{(z\delta A^{\varphi})^{\sigma_i - 1}} < f_e + f_g < \dfrac{f_g - f_m}{1 - (z\delta A^{\varphi})^{\sigma_i - 1}}$，见图 3—12。

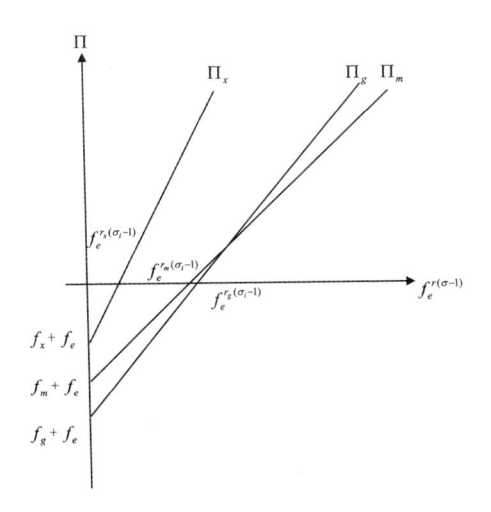

图 3—12　情形十二

资料来源：笔者自绘。

在情形十二下，出口、跨国并购和绿地投资的临界制度质量依次增高。企业国际化经营参与条件与情形七基本类似。当 $r_f = r_{mg}$ 时，企业在跨国并购和绿地投资之间的选择是无差异的。

在满足企业国际化经营参与条件且国内外制度质量相同的情况

下，出口优于绿地投资和跨国并购，当 $r_d > r_x$ 时，企业只选择出口。

在国内外制度质量存在差异的情况下，当 $r_x < r_d < r_{mg}$，$r_m < r_f < r_{mg}$ 时，如果 r_d 和 r_f 满足 $f_e^{r_f(\sigma_i - 1)} < \dfrac{w_f (f_m - f_x)(w_d \tau)^{\sigma - 1} + M(\delta_d f_e^{r_d} A_d^\varphi)^{\sigma_i - 1}}{M \left(\dfrac{z \delta_f A_f^\varphi \tau}{w}\right)^{\sigma_i - 1}}$，企业选择出口；如果 r_d 和 r_f 满足 $f_e^{r_f(\sigma_i - 1)} > \dfrac{w_f (f_m - f_x)(w_d \tau)^{\sigma - 1} + M(\delta_d f_e^{r_d} A_d^\varphi)^{\sigma - 1}}{M \left(\dfrac{z \delta_f A_f^\varphi \tau}{w}\right)^{\sigma_i - 1}}$，则企业选择跨国并购。当 $r_d > r_x$ 且 $r_f > r_{mg}$ 时，如果 r_d 和 r_f 满足 $f_e^{r_f(\sigma - 1)} < \dfrac{w_f (f_g - f_x)(w_d \tau)^{\sigma - 1}}{M \left(\dfrac{\delta_d A_d^\varphi}{w}\right)^{\sigma_i - 1}} + \left(\dfrac{w}{\tau} f_e^{r_d}\right)^{\sigma - 1}$ 时，企业仍然选择出口；如果 r_d 和 r_f 满足 $f_e^{r_f(\sigma - 1)} > \dfrac{w_f (f_g - f_x)(w_d \tau)^{\sigma - 1}}{M \left(\dfrac{\delta_d A_d^\varphi}{w}\right)^{\sigma_i - 1}} + \left(\dfrac{w}{\tau} f_e^{r_d}\right)^{\sigma - 1}$，则企业也可能选择绿地投资。

情形十三：$\dfrac{f_e + f_x}{\left(\dfrac{w}{\tau}\right)^{\sigma - 1}} < \dfrac{f_g - f_m}{1 - (z\delta A^\varphi)^{\sigma_i - 1}} < f_e + f_g < \dfrac{f_e + f_m}{(z\delta A^\varphi)^{\sigma_i - 1}}$，见图3—13。

在情形十三下，出口的临界制度质量最低，跨国并购的临界制度质量最高，绿地投资的临界制度质量介于二者之间。企业国际化经营参与条件与情形三类似：当 $r_d < r_x$ 且 $r_f < r_g$ 时，企业不参与国际化经营；当 $r_d < r_x$ 且 $r_f > r_g$ 时，企业只通过绿地投资参与国际化经营；当 $r_d > r_x$ 且 $r_f < r_g$ 时，企业只通过出口参与国际化经营；当 $r_d > r_x$ 且 $r_f > r_g$ 时，企业可以有多种国际市场进入模式。

在满足企业国际化经营参与条件且国内外制度质量相同的情况

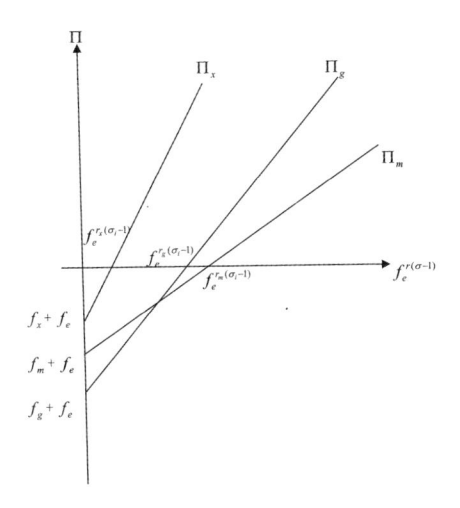

图3—13 情形十三

资料来源：笔者自绘。

下，企业国际市场进入模式与情形十二类似，即企业只选择出口。

在国内外制度质量存在差异的情况下，绿地投资优于跨国并购，企业只在绿地投资与出口之间选择。当$r_d > r_x$且$r_f > r_g$时，如果r_d和r_f满足$f_e^{r_f(\sigma-1)} < \dfrac{w_f(f_g-f_x)(w_d\tau)^{\sigma-1}}{M(\dfrac{\delta_d A_d^\varphi}{w})^{\sigma-1}} + (\dfrac{w}{\tau}f_e^{r_d})^{\sigma-1}$时，企业仍然选择出口；如果$r_d$和$r_f$满足$f_e^{r_f(\sigma-1)} > \dfrac{w_f(f_g-f_x)(w_d\tau)^{\sigma-1}}{M(\dfrac{\delta_d A_d^\varphi}{w})^{\sigma-1}} + (\dfrac{w}{\tau}f_e^{r_d})^{\sigma-1}$，企业则会选择绿地投资。

从以上分析我们可以看出，国际投资模式选择是母国和东道国制度质量差异、要素成本差异、组织成本差异以及并购摩擦等因素综合作用的结果，制度质量对国际投资模式选择的影响并不是线性的，它因国家生产力创造基础和综合相对成本优势的差异而不同。

通过引入制度质量，本章在统一的理论框架下探讨了发达国家与发展中国家之间的双向资本流动。一般说来，发达国家生产力创造基础较好，而发展中国家生产力创造基础较差。对于在发展中国家投资的发达国家企业来说，外国存在生产力创造劣势，即存在以下几种情况：$\frac{w}{\tau} < z\delta A^{\varphi} < 1$、$z\delta A^{\varphi} < \frac{w}{\tau} < 1$ 和 $z\delta A^{\varphi} < 1 < \frac{w}{\tau}$；对于在发达国家投资的发展中国家企业来说，外国存在生产力创造优势，即存在以下几种情况：$\frac{w}{\tau} < 1 < z\delta A^{\varphi}$、$1 < \frac{w}{\tau} < z\delta A^{\varphi}$ 和 $1 < z\delta A^{\varphi} < \frac{w}{\tau}$。

需要说明的是，本章分六大类、十三种情形探讨了企业国际市场进入模式选择，有的情形在实践中广泛存在，有的情形在现实中可能比较少见，但为了理论分析的完整性，本章也进行了探讨。例如，生产力创造基础较好、制度质量也相对较高，或者生产力创造基础较差、制度质量也相对较低，这往往适用于大多数国家；生产力创造基础较好，而制度质量较差，这往往适用于少数走向没落的国家；生产力创造基础较差，而制度质量较高，这往往适用于少数积极推动政府管理模式创新的新兴市场国家。

第四章

对外直接投资与国内制度变迁

除了通过跨境制度匹配涉足高附加值生产环节以外,对外直接投资与国家利益的战略互补性,可能促使母国政府主动出台对外投资促进措施,国际投资协议也将进一步推动母国改革开放,从而为母国向价值链高端攀升创造有利的制度环境。

◇ 第一节 对外投资与国家利益战略互补推动的制度变迁

除了获取企业收益以外,对外直接投资还与国家利益密切相关。对外直接投资与国家利益的战略互补性,促使母国政府出台有利于国际投资自由化的政策措施。

一 对外直接投资与国家利益的战略互补性

现实主义理论认为,财富和权力是国家利益的重要表现,财富是获取权力的基础,权力是获得财富的保障。对外直接投资与国家利益的战略互补性成为母国制定对外直接投资促进政策的内在动力。作为资本国际扩张的重要载体和国际生产的组织形式,跨国公司的国际生产联系及其对生产链的控制,不但影响了全球生产链的收益分配和国家所需战略物资的获取,而且成为母国在国际上影响其他国家和创建国际政治经济秩序的重要途径,进而影响了国家权力的构成和运行过程①。

世界经济发展史表明,霸权国家更迭与技术革新密切相关,产业革命的几个阶段相继产生了几个不同的全球主导型经济体。与此同时,技术进步推动了国际劳动分工发展,世界被划分为中心国家(发达国家)和外围国家(发展中国家)。在美国看来,尽管知识和技术扩散不可避免,但这种扩散应该在创新者的控制之下进行,即美国企业通过追随产品生命周期在海外设立分支机构,采取市场先占策略来阻止外国竞争者兴起并获取技术租金②。因此,"二战"后,为了阻止知识和技术扩散,美国运用防御性对外直接投资来阻止外国竞争者兴起,采取了包括马歇尔计划、贸易战在内的一系列措施促进本国跨国公司全球扩张。

同样地,对于中国来说,对外直接投资也是中国走出全球生产网络"低端锁定"的重要途径。自1992年邓小平南方谈话以来,中国加快了改革开放步伐,逐渐融入了全球生产网络。但是,作为"世界工厂",中国也面临着"低端锁定"困境。为了利用两种资源、两个市场提升中国在全球生产网络中的地位,中国也在20世纪末提出了

---

① 罗伯特·吉尔平:《跨国公司与美国霸权》,钟飞腾译,东方出版社2011年版,第87页。

② 罗伯特·吉尔平:《跨国公司与美国霸权》,钟飞腾译,东方出版社2011年版,第93—101页。

"走出去"战略。一些中国企业在发达国家设立了海外研发中心或科研子公司,直接获取市场信息、人力资本、专有技术和生产设施,将开发出来的技术或产品交由中国母公司生产,然后再将产品销往全球。这种国外研发、国内生产、全球销售的方式不但缩短了新产品和新技术的开发周期,而且充分地利用了母国的生产制造优势,提高了中国在全球生产网络中的地位。

需要说明的是,国家利益是母国政府主动调整对外直接投资管理体制的主要出发点,但对危害母国利益的对外直接投资也会加以规范。例如,针对跨国公司转移支付和海外逃税问题,特朗普政府出台的税基侵蚀和反滥用税(Base Erosion and Anti-Abuse Tax, BEAT),不但对企业向海外关联方付款征税,而且也收紧了利息扣减和递延税资产减值一次性支出抵扣。同样地,针对中国资本外逃现象,2017年国家发改委发布了《企业境外投资管理办法》("11号令")[①],2018年商务部联合多部门也发布了《对外投资备案(核准)报告暂行办法》[②]。

二 美国对外直接投资促进政策

对外投资与国家利益的战略互补性推动了对外投资管理制度变迁,比较典型的例子是美国对外直接投资政策。"二战"以后,认识到对外直接投资在提升国际政治经济地位中的重要作用,美国政府采

---

① 国家发改委:《企业境外投资管理办法》,https://www.ndrc.gov.cn/fggz/ly-wzjw/zcfg/201712/t20171226_1047050.html,访问日期:2020年8月12日。

② 商务部:《对外投资备案(核准)报告暂行办法》,http://www.mofcom.gov.cn/article/i/jyjl/k/201801/20180102704125.shtml,访问日期:2020年8月12日。

取了一系列便利化政策措施以促进对外直接投资。例如,"二战"后,美国通过长达4年之久的马歇尔计划,再加上欧洲经济合作组织以及欧洲煤钢联营(舒曼计划),西欧内部加强了合作,彼此之间经济壁垒降低,从而为美国跨国公司在欧洲扩张创造了有利条件。此外,美国政府还对本国企业对外投资实施税收抵免和税收延迟等优惠政策,甚至在1973年面临对外贸易和投资法案(布克—哈克议案)对美国对外投资企业优惠政策指责时,尼克松政府还极力为跨国公司辩护[1]。

2018年以来,为了帮助美国跨国公司获取更多的利益,美国甚至针对中国发动了经贸摩擦。事实上,无论是2018年3月美国对中国发动贸易战所依据的不公平技术转让制度、技术许可限制、知识产权和网络盗窃以及政府补贴等,还是后来美国对欧盟发动贸易战所依据的对空客公司和农业违规补贴等,其目的都是约束东道国政府管辖权,降低本国企业在东道国直接投资壁垒,为美国跨国公司的全球扩张创造有利的制度环境[2]。

三 中国对外直接投资促进政策

20世纪80年代初期,为了支持国有制造企业出口,吸收和传播国外市场信息、管理经验和知识,中国企业也进行了小规模的对外直接投资。但是,由于中国国内资本市场尚不健全,一些国内投资项目和对外直接投资项目面临着严重的融资约束,特别是在非优先领域的

---

[1] 罗伯特·吉尔平:《跨国公司与美国霸权》,钟飞腾译,东方出版社2011年版,第115页。

[2] 李国学:《贸易战的理论逻辑及其应对:全球生产网络视角》,《学海》2019年第5期。

融资受到了更多制约。与此相关的法规主要有原对外经济贸易部发布的《关于在国外和港澳地区举办非贸易性合资经营企业审批权限和原则的通知》（1984）、《关于在境外开办非贸易性企业的审批程序和管理办法的试行规定》（1985）和《关于在境外举办非贸易性企业的审批和管理规定（试行稿）》（1992），以及国家外汇管理局颁布的《境外投资外汇管理办法》（1989）和《境外投资外汇管理办法细则》（1990）。这些法规的普遍特征是审批严格而且手续烦琐，用汇也受到了较多的限制。

自2001年"走出去"战略实施以来，为适应对外直接投资发展的需求，中国对外投资管理政策也经历了由审批制向核准制，再到备案制转变。在2003年北京、天津和上海等12个省（市）地区审批权限改革试点基础上，2004年国务院和国家发改委分别颁布了《关于投资体制改革的决定》[①]和《境外投资项目核准暂行管理办法》[②]，开始在全国范围内推动对外投资管理体制由审批制向核准制转变。2009年商务部颁布的《境外投资管理办法》[③]又进一步下放了核准权限，简化核准程序。2014年国家发改委颁布的《境外投资项目核准和备案管理办法》（"9号令"）[④]标志着中国对外投资管理体制又从核准制进一步转向备案制。这些法规演进的基本思路是要求对外投资管理部

[①] 国务院：《关于投资体制改革的决定》，http://www.gov.cn/zhengce/content/2008-03/28/content_1387.htm，访问日期：2020年8月12日。

[②] 国家发改委：《境外投资项目核准暂行管理办法》，http://www.gov.cn/gongbao/content/2005/content_64245.htm，访问日期：2020年8月12日。

[③] 商务部：《境外投资管理办法》，http://www.mofcom.gov.cn/aarticle/b/c/200903/20090306103210.html，访问日期：2020年8月12日。

[④] 国家发改委：《境外投资项目核准和备案管理办法》，http://www.gov.cn/foot/2014-04/11/content_2657256.htm，访问日期：2020年8月12日。

门逐渐下放审批权限，简化审批程序。

为了配合"走出去"战略实施，国家外汇管理局也放松了外汇管制。在用汇方面，2006年国家外汇管理局发布的《关于调整部分境外投资外汇管理政策的通知》①标志着外汇管理制度由审批制向核准制转变，不但取消了购汇额度限制，而且还对相关手续费用进行了明确规定。2009年国家外汇管理局发布的《境内机构境外直接投资外汇管理规定》简化了境外直接投资和对境外直接投资企业融资审批程序，将境外直接投资外汇资金来源审核方式由事前审查改为事后登记；扩大境外直接投资外汇资金来源，加强对境外直接投资企业的前期费用和后续融资支持；明确了境外投资企业利润以及减资、转股、清算等资本变动所得留存境外或汇回境内的处置方式和管理原则②。2012年国家外汇管理局发布的《关于进一步改进和调整直接投资外汇管理政策的通知》，取消直接投资项下外汇账户开立及入账核准；取消外国投资者境内合法所得再投资核准；简化外商投资性公司境内再投资外汇管理；简化外商投资企业验资询证手续；简化外国投资者收购中方股权外资外汇登记手续；取消直接投资项下购汇及对外支付核准；取消直接投资项下境内外汇划转核准；进一步放宽境外放款管理；改进外商投资企业外汇资本金结汇管理③。

与此同时，国家部委和政策性银行也联合出台了一系列优惠信贷政策。2004年国家发展和改革委员会和中国进出口银行联合发布的

---

① 国家外汇管理局：《关于调整部分境外投资外汇管理政策的通知》，http://m.safe.gov.cn/safe/2006/0606/5527.html，访问日期：2020年8月12日。

② 国家外汇管理局：《境内机构境外直接投资外汇管理规定》，http://www.safe.gov.cn/safe/2009/0713/5536.html，访问日期：2020年8月12日。

③ 国家外汇管理局：《关于进一步改进和调整直接投资外汇管理政策的通知》，http://www.safe.gov.cn/safe/2012/1121/5542.html，访问日期：2020年8月12日。

《关于对国家鼓励的境外投资重点项目给予信贷支持政策的通知》[1]规定,中国进出口银行在每年的出口信贷计划中,专门安排一定规模的信贷资金("境外投资专项贷款")用于支持国家鼓励的境外投资重点项目[2]。境外投资专项贷款享受中国进出口银行出口信贷优惠利率。中国进出口银行对境外投资专项贷款依照有关规定加快贷款审查速度,还将对拟使用境外投资专项贷款的项目,提供与项目相关的投标保函、履约保函、预付款保函、质量保函以及国际结算等方面的金融服务,并根据境内投资主体和项目情况在反担保和保证金方面给予一定优惠。2006年国家开发银行和中国出口信用保险公司境外重点项目金融保险支持以下领域的项目和企业:油气、重要矿产资源、原材料、林业等能弥补国内短缺资源的资源开发项目;以资源做还款担保的基础设施项目和境外生产性项目;能加快开拓和有效利用国际市场、增强国际竞争力的境外资源收购、兼并和工程承包项目;关系到政府间双边或多边经济合作的项目;国资委监管的中央直属企业集团、地方大型企业集团和其在境外设立的项目公司等具有资金、技术、管理、品牌优势的实力企业。

根据2005年国家发展和改革委员会、国家开发银行联合发布的《关于进一步加强对境外投资重点项目融资支持有关问题的通知》,国

---

[1] 国家发展和改革委员会、中国进出口银行:《关于对国家鼓励的境外投资重点项目给予信贷支持政策的通知》,http://www.fdi.gov.cn/1800000121_23_65879_0_7.html,访问日期:2020年8月12日。

[2] 境外投资专项贷款主要用于支持下列境外投资重点项目:能弥补国内资源相对不足的境外资源开发类项目,能带动国内技术、产品、设备等出口和劳务输出的境外生产型项目和基础设施项目,能利用国际先进技术、管理经验和专业人才的境外研发中心项目,能提高企业国际竞争力、加快开拓国际市场的境外企业收购和兼并项目。

家开发银行在每年的股本贷款规模中，专门安排一定的贷款资金（"境外投资股本贷款"）用于支持国家鼓励的境外投资重点项目[①]扩大资本金，提高融资能力。国家开发银行将依照有关规定，对境外投资重点项目加快贷款审查速度，并在遵循风险定价原则，使贷款利率尽可能覆盖信用风险、市场风险及国家风险等的基础上，视具体项目情况给予一定的利率优惠。此外，国家开发银行对境外投资重点项目还提供如下支持和服务：为境外投资重点项目提供大额、稳定的中长期非股本贷款支持；加强与国际金融组织或跨国公司合作，组织国际银团贷款、境外贷款等，协助落实融资方案；提供基础设施、基础产业、支柱产业领域的行业分析、风险评估等服务；提供与项目相关的信用证及国际结算等方面的配套金融服务；提供汇率、利率风险管理等金融衍生工具服务[②]。

2005年财政部、商务部印发的《对外经济技术合作专项资金管理办法》规定，专项资金对企业从事国家规定的对外经济技术合作业务采取直接补助或贴息等方式给予支持。其中，专项资金直接补助内容包括境内企业在项目所在国注册（登记）境外企业之前，或与项目所在国单位签订境外经济技术合作协议（合同）之前，为获得项目而发生的相关费用，包括聘请第三方的法律、技术及商务咨询费，项目可行性研究报告编制费，规范性文件和标书的翻译费用；购买规范性

---

① 境外投资股本贷款主要用于支持下列境外投资重点项目：能弥补国内资源相对不足的境外资源开发类项目；能带动国内技术、产品、设备等出口和劳务输出的境外生产型项目和基础设施项目；能利用国际先进技术、管理经验和专业人才的境外研发中心项目；能提高企业国际竞争力、加快开拓国际市场的境外企业收购和兼并项目。

② 国家发展和改革委员会、国家开发银行：《关于进一步加强对境外投资重点项目融资支持有关问题的通知》，http://www.fdi.gov.cn/1800000121_23_64721_0_7.html，访问日期：2020年8月12日。

文件和标书等资料费；对外劳务合作，境外高新技术研发平台，对外设计咨询项目运营费用等。专项资金贴息内容包括境外投资、合作和对外工程承包等项目所发生的境内银行中长期贷款[①]。

为了满足我国企业融资和海外投资风险保障的需要，2006年国家开发银行、中国出口信用保险公司联合发布的《关于进一步加大对境外重点项目金融保险支持力度有关问题的通知》，国家开发银行和中国出口信用保险公司共同建立境外油气、工程承包和矿产资源等项目金融保险支持保障机制，为国家鼓励的重点境外投资项目提供多方位的金融保险服务。对于符合要求的项目，国家开发银行将优先考虑提供贷款支持，中国出口信用保险公司将根据项目所在国的具体情况提供年保险费相对优惠的海外投资保险支持[②]。

在税收服务与管理方面，国家税务总局也进行了相应的政策调整以服务于"走出去"战略和"一带一路"倡议的实施。2007年6月，国家税务总局发布了《关于做好我国企业境外投资税收服务与管理工作的意见》，就"走出去"战略实施过程中优化税收服务、完善税收政策、规范税收管理和加强税收合作等方面进行了规划和指导[③]。2015年4月，国家税务总局发布的《关于落实"一带一路"发展战略要求做好税收服务与管理工作的通知》，从"执行协议维权益、改

[①] 财政部、商务部：《对外经济技术合作专项资金管理办法》，http：//www.fdi.gov.cn/1800000121_23_64313_0_7.html，访问日期：2020年8月12日。

[②] 国家开发银行、中国出口信用保险公司：《关于进一步加大对境外重点项目金融保险支持力度有关问题的通知》，http：//service.iinvest.org.cn/web/law/Law_Detail.aspx?nid=225，访问日期：2020年8月12日。

[③] 国家税务总局：《关于做好我国企业境外投资税收服务与管理工作的意见》，http：//www.chinatax.gov.cn/n810219/n810744/n1671176/n1671186/c1706682/content.html，访问日期：2020年8月12日。

善服务谋发展、规范管理促遵从"三个方面提出了税收服务"一带一路"建设的总体要求①。2017年财政部、税务总局出台了《关于完善企业境外所得税收抵免政策问题的通知》,规定企业可以选择按国(地区)别分别计算[即"分国(地区)不分项"],或者不按国(地区)别汇总计算[即"不分国(地区)不分项"]其来源于境外的应纳税所得额,并按照财税〔2009〕125号文件第八条规定的税率,分别计算其可抵免境外所得税税额和抵免限额②。企业选择采用不同于以前年度的方式(以下简称新方式)计算可抵免境外所得税税额和抵免限额时,对该企业以前年度按照财税〔2009〕125号文件规定没有抵免完的余额,可在税法规定结转的剩余年限内,按新方式计算的抵免限额中继续结转抵免。企业在境外取得的股息所得,在按规定计算该企业境外股息所得的可抵免所得税额和抵免限额时,由该企业直接或者间接持有20%以上股份的外国企业,限于按照财税〔2009〕125号文件第六条规定的持股方式确定的五层外国企业③。

---

① 国家税务总局:《关于落实"一带一路"发展战略要求做好税收服务与管理工作的通知》,http://www.chinatax.gov.cn/n810341/n810755/c1575644/content.html,访问日期:2020年8月12日。

② 财政部、税务总局:《关于完善企业境外所得税收抵免政策问题的通知》,http://www.chinatax.gov.cn/n810341/n810755/c3001532/content.html,访问日期:2020年8月12日。

③ 即:第一层:企业直接持有20%以上股份的外国企业;第二层至第五层:单一上一层外国企业直接持有20%以上股份,且由该企业直接持有或通过一个或多个符合财税〔2009〕125号文件第六条规定持股方式的外国企业间接持有总和达到20%以上股份的外国企业。

第二节 东道国"合规性"要求引致的国内制度变迁

如前所述,中国对外直接投资大部分流向了发达国家或地区。这些国家的"合规性"要求促使中国政府和对外投资企业进行相应的制度调整。

一 东道国"合规性"要求的直接影响

东道国正式和非正式制度对中国海外投资企业的影响主要体现在公司治理结构完善、公平竞争环境创建以及社会责任意识和诚信意识加强等几个方面。

(一)本土化经营要求对外投资企业完善公司治理结构

在对外投资过程中,企业国际化经营总是地理嵌入和网络嵌入东道国特定的社会背景下,东道国正式制度和非正式制度界定了公司和产业运行的规则和标准,限定、允许或约束了公司的战略选择。为了获得市场准入,对外投资企业海外子公司的设立、生产、经营和管理,或者针对东道国目标企业实施的跨国并购行为,都必须遵守东道国相关的法律制度和行政规范。与此同时,为了融入当地的生产网络,子公司还必须遵守当地文化、习俗等非正式制度。为了降低跨国经营的交易成本和组织成本,对外投资企业不得不对公司治理结构进行调整,以满足上述正式制度和非正式制度要求。

（二）"竞争中性"政策为民营企业创造了公平竞争环境

近十多年来，发达国家要求对外投资企业遵守"竞争中性"政策。早在2007年，澳大利亚政府就要求下属的外国投资审查委员会对来自亚洲，特别是来自中国的国有企业投资进行审查。2011年希拉里·克林顿在美国亚太地区政策演讲中提出，"跨太平洋伙伴关系旨在确保公平竞争，包括在国有企业和民营企业之间保持竞争中性"。在实践中，美国《外国投资与国家安全法案》（简称FINSA）也明确要求外资审查要考虑外国政府与美国外交的一致性，并且加强了对外国"国有企业"在美国跨国并购的限制，甚至还规定总统和外国投资委员会有权将其认为需要予以考虑的其他任何因素都纳入审查范围[1]。

东道国"竞争中性"政策迫使中国不得不着手解决民营企业发展面临的制度障碍。为了满足东道国"竞争中性"要求，中国政府不但加大了国有企业改革，还加大了对民营企业海外直接投资鼓励和支持。在2012年6月，国家发展和改革委员会、商务部、海关总署等13个部委联合印发了《关于鼓励和引导民营企业积极开展境外投资的实施意见》，分别从财税支持、信贷提供、金融保险、海关通关、外汇管理、经济外交服务、信息和中介服务等方面为民营企业提供一系列对外直接投资便利化措施[2]。

---

[1] US, "Foreign Investment and National Security Act of 2007", https://www.congress.gov/110/plaws/publ49/PLAW-110publ49.pdf，访问日期：2020年8月12日。

[2] 国家发展和改革委员会、商务部、海关总署等：《关于鼓励和引导民营企业积极开展境外投资的实施意见》，https://www.ndrc.gov.cn/fggz/lywzjw/zcfg/201207/t20120703_1046956.html，访问日期：2020年8月12日。

（三）环保和劳工政策迫使中国企业更加重视社会责任

在中国，一些企业环境保护和劳工权益保护意识薄弱，相关法规也没有得到有效的执行。例如，虽然中国也制定了环境保护法规，但在中西部一些经济发展相对落后的地区，在国内经济增长缓慢时，或者在执法人员腐败的情况下，环境保护法规很难得到严格的执行。同样地，在劳工权益保护方面，由于政治和经济体制不同，中国工会职能与发达国家工会职能存在一定差异，在代表劳工与企业管理层就劳工权益进行谈判方面还有较大改进空间。

然而，在对外直接投资过程中，一些对当地生态环境造成破坏或劳工权益保护不力的项目受到阻碍，甚至被取消。薄弱的社会责任意识不仅给对外投资企业带来了经济损失，也影响了中国的国际形象。在 2013 年 2 月，商务部和环境保护部联合发布了《对外投资合作环境保护指南》，引导企业积极履行社会责任，鼓励企业研究和借鉴国际组织、多边金融机构采用的有关环境保护的原则、标准和惯例；倡导尊重东道国社区居民的宗教信仰、文化传统和民族风俗，保障劳工合法权益，为周边地区居民提供培训、就业和再就业机会，促进当地经济、环境和社区协调发展[①]。在 2015 年 4 月，商务部再次要求对外投资企业履行企业社会责任，遵守东道国与环境保护相关的法律法规；对于暂时没有环保法律的国家，企业应当借鉴国际组织或多边机构的环保标准，采取有利于东道国生态发展的环保措施，甚至在必要时，可聘请第三方进行环保评估。

---

① 商务部、环境保护部：《对外投资合作环境保护指南》，http://fec.mofcom.gov.cn/article/ywzn/dwtz/zcfg/201512/20151201202217.shtml，访问日期：2020 年 8 月 12 日。

(四) 东道国舆论压力促使中国规范企业海外经营行为

在跨国经营过程中,企业失信行为招致的舆论压力不但直接影响到母国与东道国经济合作水平,还影响到母国在国际社会的国家形象。为了提高对外经济合作参与者诚信意识,2017年10月国家发改委发布了《关于加强对外经济合作领域信用体系建设的指导意见》,要求建立健全对外经济合作领域信用信息采集、共享规则,严格保护组织、个人隐私和信息安全,依法依规推进信用信息公开和应用,使用信用信息和信用产品,推动实施失信联合惩戒,使守信者受益,失信者受限,加大负面惩戒的力度[1]。

针对中国企业在东道国无序竞争带来的不良影响,2013年3月商务部制定了《规范对外投资合作领域竞争行为的规定》,以鼓励和保护公平竞争,打击不正当竞争行为[2]。特别针对民营企业对外投资过程中存在的问题,2017年12月国家发展和改革委员会、商务部等五部委联合发布了《民营企业境外投资经营行为规范》,从完善经营管理体系、依法合规诚信经营、切实履行社会责任、注重资源环境保护、加强境外风险防控等几个方面对民营企业跨国经营行为进行规范和指导[3]。

---

[1] 国家发改委:《关于加强对外经济合作领域信用体系建设的指导意见》,http://www.mofcom.gov.cn/article/b/bf/201801/20180102701152.shtml,访问日期:2020年8月12日。

[2] 商务部:《规范对外投资合作领域竞争行为的规定》,http://fec.mofcom.gov.cn/article/ywzn/qtzcfg/201512/20151201202655.shtml,访问日期:2020年8月12日。

[3] 国家发展和改革委员会、商务部等:《民营企业境外投资经营行为规范》,https://www.ndrc.gov.cn/fggz/lywzjw/zcfg/201712/t20171218_1047049.html,访问日期:2020年8月12日。

二 东道国"合规性"要求的间接影响

除了直接影响以外，东道国的"合规性"要求还通过国际生产的前后向联系传递到国内其他部门，而且对发达国家相关规章制度的学习和借鉴，也可以降低母国制度变迁成本。

（一）制度传导效应

通过对外投资的前向和后向国际生产联系，发达国家"合规性"要求进一步推动国内相关领域的改革开放。在全球生产网络中，产品内分工使国民经济中各个产业部门之间相互联系、相互影响和相互依赖。就对外投资的国际生产联系而言，它所处的生产阶段与国内以它的产出为投入的生产阶段之间形成了前向联系，与国内为它提供投入品的上游生产阶段之间形成了后向联系。在上下游企业互补性分工合作中，东道国有利于高附加值环节发展的制度安排将通过国际生产的前后向联系传导到其他生产阶段。全球生产链的制度变迁又推动了对以该项制度为基础和依托的其他制度变迁，也拉动了该项制度赖以产生的其他制度变迁。

（二）制度变迁成本

凭借优越的制度环境，发达国家在研发、品牌和营销等高附加值环节获得了制度比较优势。通过制度变迁营造有利于高附加值环节所需的制度环境，也是包括中国在内的发展中国家实现价值链升级的重要途径之一。但是，制度设计和执行过程中也可能会遇到各种不确定性和风险。

对发达国家相关规章制度的学习和借鉴，可以降低母国制度设计和执行成本。发达国家相关法律、规则和行为准则是长期内博弈参与者在利益驱使下集体选择的结果，并且得到了东道国在价值理念、伦理规范、风俗习性、意识形态等方面的社会认可，人们对规则的适应、不同规则之间的协调过程已基本完成，制度具有自我实施性。对发达国家成熟市场制度的学习和借鉴，有利于发展中国家规避各种不确定性和风险，降低制度变迁成本。

◇第三节 国际投资协议要求的制度变迁

为了加强投资保护，促进投资自由化和投资争端解决，母国和东道国也往往缔结双边或多边投资协议。按照国际投资协议条款，母国和东道国也将进一步扩大开放，推动国内相关领域改革。

一 对外投资保护与国际投资协议

在国际法中，管辖权主要有属人管辖权和属地管辖权这两种形式，它们分别与国际社会中的主权因素和非主权因素相对应。在国际投资中，属人管辖权是指以当事人的国籍作为管辖的决定因素而行使管辖权，即一国对本国国民的国际投资活动具有管辖权。外交保护是依据属人管辖权而派生出来的一种保护手段，它是国际投资保护的最原始方式。母国通常会因本国投资者在东道国受到歧视性待遇，或因东道国拒绝司法或执法不公而对本国投资者通过外交途径加以保护。在具体实践中，这种权力经常被某些资本输出国滥用，而且国际投资对资本输入国产生的影响往往大于对资本输出国的影响。

资本输入国更倾向于根据属地管辖权，运用国内投资立法来处理国际投资问题。属地管辖权是指以当事人的住所地、居所地或事物的存在地等作为管辖权的决定因素而行使管辖权，即一国对在本国发生的国际投资活动具有管辖权。国际法规定，如果上述两种形式的管辖权发生冲突时，各方应遵守属地管辖权优先原则。根据这一原则，东道国和母国就国际投资活动的管辖权发生冲突时，东道国具有优先管辖权，它通常会运用国内投资立法来处理国际投资问题。但是，由于绝大多数发达国家一般不对外国投资进行特殊立法，外商投资企业方面的规定散见于各个法律和行政法规中，而且在国际直接投资契约执行过程中，东道国政府可能出于私人利益或公共利益干扰跨国公司生产经营活动。

由于东道国政府不但是缔约方，而且拥有属地管辖权和行政特别权[1]，缔约双方的法律地位是不平等的。从性质上来说，不同于企业之间的民事契约，在外资企业与东道国政府之间存在的关于国际直接投资的不完全契约是一种行政契约[2]。对于跨国公司来说，单纯依靠自身力量难以克服上述具有行政契约性质的、不完全国际投资契约相关的政治风险。在上、下游企业之间契约执行的过程中，由于在契约中经常不包括法律条款的选择，在交易过程中发生契约纠纷时，双方

---

[1] 行政特别权是指行政契约中约定的、行政主体为实现行政管理和公共利益目的而享有的对契约对方当事人行使公权力的强制性权力。行政特别权是行政契约与民事契约的根本区别。具体分析参见叶小倩《行政契约中的行政特别权及其规范与控制》，华中科技大学2010年硕士论文，第6页。

[2] 行政契约是指行政主体为了行使行政职能，实现特定的行政管理目标，而与公民、法人或其他组织，经过协商，相互意思表示一致所达成的协议。参见罗豪才主编《行政法学》，北京大学出版社1996年版，第258页。

可能就所适用的法律条款产生争议；即使在契约中包含了这一条款，如果判决结果对当地居民不利的话，当地法院可能不愿意执行两个不同国家居民之间签订的契约，而且如果支付损害赔偿的一方在法院所在国家没有任何资产，补偿也难以履行。因此，跨国投资者不能依靠东道国国内法来保护它们的利益，唯一可以指望的是国际法。但是，国际法也没有规定东道国必须对投资者做出可信且有约束力的承诺，而且即使东道国做出了承诺，投资者也不能确信东道国的法院或仲裁庭会做出或执行对东道国不利的裁决①。

无论是母国的外交保护，还是东道国的国内投资立法，都过多地考虑了本国利益，而对他国利益没有给予充分重视。这就促使国际投资的母国和东道国进行协调和谈判，对国际投资问题进行合理的规制。规制通常是指依据一定的规则对构成特定社会的个人和构成特定经济的经济主体的活动进行限制的行为。对国际投资相关方规制的依据主要是国际投资规则。国际投资规则是通过国际谈判和政策协调而逐渐形成的对国际投资加以规范的基本原则，这些原则主要体现在双边投资协议、区域投资协议和多边投资协议的相关条款中。

国际投资协议是在一系列国际投资规则基础上，国家之间达成的规范和协调国际投资行为的意思表示。国际投资协议主要阐明了国际投资中各方的权利和义务、投资争端解决以及例外条款等相关内容，目的是促进投资自由化、加强投资保护、有效解决投资纠纷，以此促进国际投资的发展。改革开放以来，中国也一直积极地参与和推动国际投资协议谈判。截至2019年5月，中国已签署双边投资协议（BITs）127个，其中生效的有109个；签订包含投资条款的协议

---

① 李国学：《不完全契约、国家权力与对外直接投资保护》，《世界经济与政治》2018年第7期。

（TIPs）22个，其中生效的有19个。目前，虽然中美没有达成双边投资协议，中欧双边投资协议尚未正式生效，但中国一直在按照高标准贸易投资协议要求，改革现行的贸易和投资管理体制。

二　国际投资协议与国内改革开放

近几年来国际上签署的高标准国际贸易和投资协议，将投资自由化、投资保护和投资争端解决提升到一个新高度，强化了社会责任意识，加强了对发展中国家的制度能力建设。

（一）各类资产保护将进一步加强

在美国2012年双边投资协议范本中，投资被定义为投资者直接或间接拥有或控制的具有投资特征的任何财产，这些特征包括资本或其他资源承诺、收益或利润预期以及风险承担等。该协议所规定的投资形式包括：企业、股份、股票和其他股权参与形式，债券和其他债权文件及贷款，期货、期权以及其他衍生品，交钥匙工程、建设、管理、生产、特许权、收入分享以及其他类似的合同，知识产权，许可、授权、允许及其国内法所赋予的其他类似权利，以及其他有形或无形财产、动产或不动产以及相关财产权利，如租赁、抵押、留置权等。其中，知识产权、许可、授权、允许等各种无形资产既是美国跨国公司所有权优势的重要体现，也是中国企业技术进步和产业结构升级最需要的投资形式。

（二）政府管理模式创新被提高到一个新的高度

2012年美国双边投资协议范本，以及最近几年发达国家签署的双边或区域贸易投资协议，都积极倡导"准入前国民待遇"，即将国民待遇从传统的投资准入后阶段进一步延伸至投资设立和扩大等准入前阶段，以促进全球生产链的稳定运行和确保外资的公平公正待遇。但是，"准入前国民待遇"意味着东道国让渡更多的国家主权，压缩了东道国政府经济政策空间。于是，"准入前国民待遇"引发了国民待遇的"恰当性限制"问题。

在具体实践中，"准入前国民待遇"通常与负面清单搭配使用，即"准入前国民待遇+负面清单"的政府管理模式。在负面清单模式下，缔约方同意协议所设定的义务适用于设立和扩大阶段投资，但往往在协议附件中列出不承担协议义务的特定措施、行业或活动。"准入前国民待遇+负面清单"管理模式有利于抑制东道国政府的机会主义行为，并确保外资非歧视性待遇，而且这是一种规范现在、保护未来的管理模式，有利于促进新兴产业的发展。

此外，针对国有企业及其"竞争中性"问题，2015年OECD发布的《国有企业公司治理指引》详细阐述了国有企业治理措施[1]，2012年美国双边投资协议也以脚注形式对国有企业加以界定[2]，《美墨加协议》甚至以"毒丸条款"对非市场经济加以限制[3]。

---

[1] OECD, "Guidelines on Corporate Governance of State-Owned Enterprises", 2015, https://www.oecd-ilibrary.org/docserver/9789264244160-en.pdf?expires=1591713328&id=id&accname=guest&checksum=D53C28707D6FDC01400007ADCD8B16B0，访问时间：2020年6月9日。

[2] U. S. Department of State, "2012 U. S. Model Bilateral Investment Treaty", https://ustr.gov/sites/default/files/BIT%20text%20for%20ACIEP%20Meeting.pdf，访问时间：2020年6月9日。

[3] U. S. Department of State, "Agreement Between the United States of America, the United Mexican States, and Canada", https://ustr.gov/trade-agreements/free-trade-agreements/united-states-mexico-canada-agreement/agreement-between，访问时间：2020年6月9日。

(三) 条款执行机制被视为国际经济规则的生命

在产品内分工条件下，全球生产链充满了契约摩擦，这种不完全契约既存在于不同生产环节企业之间，也存在于企业与东道国政府之间。贸易投资协议条款内容不完全，以及政策执行标准不一致，都将增加全球生产网络的交易成本，甚至影响全球生产网络的稳定运行。与上下游企业之间的不完全契约不同，企业与政府之间存在的是一种不完全行政契约。

"盖天下之事，不难于立法，而难于法之必行。"[①] 这句话的意思是说，天下事情困难之处不在于制定法令，而在于让法令切实地得到贯彻执行，法规制度的生命力在于执行。为了促进贸易投资协议执行，最近几年发达国家签署的贸易投资协议在以下几个方面进行了改进。

发达国家（地区）最新签署的区域贸易投资协议通常以独立章节对成员国政府监管一致性进行规范和指导。在2018年年底生效的《全面进步的跨太平洋伙伴关系协议》中，"监管一致性"章节构建了不同经济发展程度国家之间国际监管协调的框架。《日欧经济伙伴关系协议》《美墨加协议》和《欧盟—加拿大全面伙伴关系协议》在监管一致性方面的规定甚至比CPTPP的要求更高。以《日欧经济伙伴关系协议》为例，"良好监管实践与监管合作"章节不但涉及总则、良好监管实践、监管合作、制度性条款等，还对监管相容性促进、规划和实施监管时加强信息交流等方面进行了较为细致的规定。

在争端解决机制方面，结合仲裁实践中存在的问题，近几年签署

---

① "盖天下之事，不难于立法，而难于法之必行"出自明代张居正的《请稽查章奏随事考成以修实政疏》。

的与国际投资相关的协议也对投资者—国家争端解决机制进行了改革和完善。为了应对仲裁实践中仲裁员缺少独立性、准据法选择不当、仲裁效率低下、仲裁费用高昂以及公共利益关注不够等方面的缺陷，《美国 2012 年双边投资协议》限制仲裁庭对公平与公正待遇做出扩大解释，进一步明确了准据法和合并审理制度；《美墨加协议》（USMCA）提出了快速审理程序以提升国际投资仲裁效率；《美国 2012 年双边投资协议》和 USMCA 也通过提升仲裁透明度和引入"法庭之友"来纠正仲裁实践中对公共利益关注不够的问题。此外，USMCA 还试图通过区分不同情况对投资者—国家争端解决机制进行"量身定制"①。

除了进一步改革和完善投资者—国家争端解决机制以外，近年来兴起的国际商事法庭成为另一国际投资争端解决途径。国际商事法庭体系是对现有投资仲裁制度的根本变革，它强调了争端解决机制的公法属性。国际商事法庭设立一个类似于常设仲裁庭机构，吸纳了国际商事仲裁中当事人意思自治规定，引入英文作为当事人可选择的诉讼语言，法官既有本土法官，也有来自英美法系或大陆法系国家的法官，而且比一般国内法院在程序、证据等规则方面更具有灵活性。

（四）合作和发展中国家能力建设比以往更受重视

全球生产链的互补性和超模特征促使近几年签署的贸易投资协议更加重视成员国间合作以及发展中国家能力建设。事实上，发达国家

---

① 具体措施参见 U. S. Department of State, "Agreement Between the United States of America, the United Mexican States, and Canada", https：//ustr.gov/trade-agreements/free-trade-agreements/united-states-mexico-canada-agreement/agreement-between，访问时间：2020 年 6 月 9 日。

普遍重视发展规则的制定，并且较早地将这一规则引入了国际贸易投资协议中。特别是区域贸易协议还强调了区域竞争优势提升和中小企业援助，要求在贸易和投资便利化基础上，进一步推进商务便利化，降低中小企业国际化经营障碍，促进国内外要素条件、需求条件、相关产业与辅助产业等竞争优势决定因素整合，提升区域竞争优势。

2016 年签订的《欧盟—加拿大全面伙伴关系协议》（CETA）、2018 年签署的《日本—欧盟经济伙伴关系协议》、2018 年生效的《全面进步的跨太平洋伙伴关系协议》（CPTPP）中都有与合作和能力建设相关的条款。其中，CPTPP 和 CETA 都明确阐述了在共同关心领域开展合作和能力建设的具体安排，尤其是 CPTPP 对合作和发展的规定最为全面，合作水平较高。CPTPP 在发展目标中强调促进教育、科学技术、研究和创新发展，以提高竞争力和创造就业机会，提出设置由成员国政府代表组成的发展委员会以及合作与能力建设委员会，并且就合作与能力建设途径给出了指导性意见。除此之外，CPTPP 还指出，缔约方各自可指定一个联络点，用来协调缔约方之间的合作和能力建设活动。与 CPTPP 相比，CETA 合作领域更为具体，可操作性更强，主要关注了生物技术、森林产品和原材料等领域的合作。

（五）企业社会责任得到了应有的重视

与跨国公司不同，全球生产网络复杂的治理机制使其具有较强的社会属性，最近几年签署的贸易投资协议也进一步完善了环保和劳工条款。在美国《2012 年双边投资协议范本》中，美国将环保条款从"尽力确保"修改为"应确保"，使此前的软性规定升级为硬性义务；USMCA 环境章节包含了以前贸易投资协议中未涵盖的新环境问题，如过度捕捞、野生动植物贩运和海洋垃圾，以及关于水和空气质量的可执行指南。由于美国已于 2017 年 6 月 1 日退出《巴黎气候变化协议》，USMCA 环境章节未提及气候变化。但是，在环境产品和服务的非约束性部分以及可持续森林管理部分的"碳储存"中引用了"清洁技术"。在 USMCA 中，环保执法依赖于自愿、合作和部分争端解决机制。在合作机制方面，除了公开环保信息和公众参与以外，缔约方利用国家咨询委员会等现有或新建的协商机制征求环保条款执行相关意见，或者根据《环境合作协议》与其他缔约方开展环境合作，以及通过各级别磋商解决环保纠纷等。

与环保标准一样，劳工标准也成为美国和欧盟近年来主导的贸易和投资协议的重要议题。自美国《2004 年双边投资协议范本》以单独条款阐释了劳工标准以来，美国《2012 年双边投资协议范本》又补充了劳工相关问题的磋商以及公众参与等方面规定。近年来 CPTPP 和 USMCA 要求缔约国纳入有执行力的劳工标准，并对劳工保护基本原则和权利的法律和政策做出承诺。在劳工标准方面，CPTPP 将劳工标准与 1998 年《宣言》的核心标准建立起联系，USMCA 又进一步增加了强迫劳动、暴力侵害工人、移徙工人和工作场所基于性别歧视的全新规定。在执行方面，USMCA 将劳工保护置于国际监督之下，并且把贸易制裁与劳工问题挂钩。如果缔约国违反相关义务，它将受到来自国际层面的审查，甚至面临处罚和贸易制裁；劳工争议救济措施也呈现多样化，包括消除不符合协议情形、无效或损害情形，提供争议各方可接受的补偿或各方同意的任何其他补救措施，甚至是中止贸易利益。

第 五 章

开放式创新、对外直接投资与华为公司管理模式变革

开放式创新的制度需求促使华为公司(以下简称华为)加大了对制度相对健全的发达国家、市场开放程度和国际化程度相对较高的新兴经济体,以及印度和俄罗斯等在某些方面优势比较突出国家的直接投资。在东道国的"合规"和"遵从"激发了华为企业管理模式创新,进而为开放式创新提供了所需要的制度保障。

◈ 第一节 开放式创新及其制度依赖

自1987年创立以来,华为从一个香港红桥模拟交换机代理商发展成为全球领先的信息与通信(ICT)基础设施和智能终端提供商。华为发展经验表明,其成功主要得益于"客户需求和先进技术"双轮驱动的发展模式,通过对外直接投资利用东道国制度比较优势进行开

放式创新，为这一发展模式提供了有力的保障①。

一 开放式创新的核心理念

在全球生产网络中，只有建立开放式创新体系，才能与全球庞大的生产服务体系互联互通，最大程度上整合利用全球技术发明成果、知识、人才。为此，华为提出了基于客户需求和先进技术的创新，以及基于愿景驱动的理论突破和基础技术发明。

（一）基于客户需求和先进技术的创新

根据华为历年财务年报所提供的资料，华为基于客户需求和先进技术创新的涵义和特征如下。

1. 基于客户需求的创新

坚持创新的市场和客户导向。随着科学技术的迅速发展，以及替代技术和行业标准的变化，产品生命周期缩短，脱离市场需求的研发可能使企业在激烈市场竞争中被淘汰。在这样的市场环境下，充分理解并满足客户需求是当前技术变革和竞争的趋势；任何技术和管理创新只有经受住市场检验和客户认可，才能真正创造价值、实现增值。基于这一认识，华为认为研发创新的根本立足点在于为客户创造价值，把握客户不同需求，把握行业脉搏和时代发展趋势，随需应变，才是赢得未来的关键。正如任正非所强调的：一定要强调价值理论，不是为了创新而创新，一定是为了创造价值而创新。

华为把"持续围绕客户需求进行创新"作为战略方针，逐步形成

---

① 本章写作参考了华为投资控股有限公司《2006—2018年年度报告》《华为云数据安全白皮书》和《华为创新与知识产权白皮书》等报告中的数据和资料。

以市场需求为导向的创新文化。华为的技术与管理创新，就是要建立以客户为中心、为客户创造价值的运营体系，建立长期稳定的为客户服务的价值观，将争取更多的客户满意度作为核心竞争力。华为的基本做法是，以客户需求驱动研发流程，围绕提升客户价值进行技术、产品、解决方案及业务管理的持续创新，广泛推行集成产品开发流程（IPD）。为此，华为建立了专门的客户需求研究部门，将全球客户声音反馈到研发部门，形成产品发展的路标，开发出优质新产品。

2. 基于全球研发网络的创新

在对比了美国IT企业与华为的研发效率之后，华为提出了以全球研发网络为依托的技术和市场拓展并重的双核路线。在日益激烈的国际市场竞争中，只有努力找到相关的战略合作者，形成利益共同体和协同竞争群，才能立足，并达成共赢式发展。因此，华为倡导学习美国公司的联合策略，在其他公司的技术成果上加快产品推出速度。

华为建立了基于供应链合作的战略联盟。在不断增强自身核心竞争力的同时，华为还加强与全球生产链上客户、制造商、供应商、渠道商的互补性分工合作。正如任正非所说，未来企业的竞争，再也不是单一企业之间的竞争，而是供应链与供应链之间的竞争。只有加强合作，关注客户及合作者的利益，追求多赢，才能实现可持续发展。

华为通过"合资、合作和技术联盟"践行技术和市场并重的双核路线。华为通过合资、合作与全球生产链上优势企业建立了广泛的合作关系，在互补性分工合作中获得了对方技术和市场优势。作为IT行业的后来者，华为在技术上推行跟随式创新，通过技术合作、战略联盟、跨国并购、投资合作等途径快速实现了技术积累，与德州仪器、惠普、IBM、摩托罗拉等公司建立联合实验室，获得它们的技术支持。

（二）基于愿景驱动的理论突破和基础技术发明

作为一个后来者，华为采取了跟随式创新策略，基于客户需求和先进技术的创新可以说是华为创新1.0。那么，在成为全球领先的信息与通信基础设施和智能终端提供商以后，华为如何推进开放式创新呢？

在创新体系中，基础理论研究是应用研究的灯塔和基石。在国际市场竞争中，理论创新滞后成为制约中国企业创新的瓶颈。于是，华为提出了基于愿景的理论突破和基础技术发明的创新2.0。由于理论突破和技术发明的不确定性很高，创新2.0需要更高程度的开放，需要产、学、研之间更深层次合作，即把工业界的问题和世界级难题（如香农定律极限、内存墙、摩尔定律失效等）、学术界的思想、风险资本的信念整合起来，实现能力共享和成果分享。

在创新2.0下，华为成立了战略研究院，负责5年以上前沿技术研究，确立华为在未来5—10年技术领域的清晰路标，以确保华为在未来的创新中不迷失方向，不错失机会。在产、学、研合作中，华为以大学合作和技术投资为战略举措，每年向大学投入3亿美元经费，支持学术界开展基础科学、基础技术等领域的创新研究，共同推动理论突破和基础技术发明，产业界负责基础技术发明的推广和应用，通过工艺升级、产品升级、功能升级和生产链升级等形式，为客户创造价值，向最终消费者提供服务。

二 开放式创新的制度依赖

如前所述，随着信息技术在国际生产中的广泛应用，以及贸易投资便利化措施不断推进,要素流动性大大增强,传统的要素禀赋决定的比较优势日趋下降,而正式(宪法、法令、产权)和非正式(道德、习俗、禁忌、惯例、传统和行为准则)规则及其执行安排流动性依然较低。在全球生产网络中,与研发、品牌和营销等高附加值生产环节相匹配的制度,与开放式创新相适应的国家创新体系,与专业人才相匹配的劳工制度,与资产专用性投资匹配的产权保护制度和金融体系,与不完全契约执行相匹配的社会资本水平及其政府管理模式,成为一个国家比较优势的重要来源,具有不同制度环境的国家往往在不同生产部门和不同生产阶段呈现出不同的比较优势。

在基于客户需求的创新方面,国内市场竞争状况、市场主导地位、对外开放程度,以及买方(消费者或下游企业)需求的复杂程度等方面的制度,直接影响到企业的创新激励、产品质量档次和服务水平。在基于全球研发网络的创新、基于愿景驱动的理论突破和基础技术发明方面,创新网络和政策、要素市场、法律体系质量、社会资本等方面的制度则发挥着重要作用[1]。就信息通信技术行业的特征而言,除了上述制度影响以外,知识产权保护、信息安全以及合作伙伴之间的信任尤为重要,直接影响着华为开放式创新的成功。

◇◇ 第二节 开放式创新与对外直接投资

在全球生产网络中,跨国公司根据不同生产阶段所需要的制度环境,在全球范围内优化配置资源成为大势所趋。通过对外直接投资设

---

[1] 李国学、毛艳华:《跨境制度匹配与产业结构升级——发展中国家对外直接投资的一个理论解释》,《中央财经大学学报》2015年第6期。

立研究所或子公司，促进先进技术研发与所需制度环境匹配是华为开放式创新的一个重要途径。

一　华为对外直接投资基本情况

虽然华为官方没有对外公布对外直接投资数据，但作为一个全球性、行业领先的跨国公司，海外市场的收入占比可以间接地反映其海外扩张进程。从华为2005—2018年年度报告公布的数据来看，华为总销售收入从2005年482亿元人民币持续快速增长到2018年7212亿元人民币，年增长率接近23%。

从华为海外市场的收入占比来看，在2005—2016年间，华为来自海外市场的收入占比超过国内市场。其中，2008年海外市场的收入达到历史最高水平，占总销售收入的3/4。受美国贸易和投资保护主义影响，2017年和2018年海外市场的收入占比降至48%。从华为收入业务来源看，初期收入增长较快，而且主要来自发展中国家的基础网络部署和大型基建投资；此后华为海外市场的收入增速趋于稳定，主要来自网络服务和网络终端业务。从华为海外市场的收入区位分布来看，中国本土市场销售占比从2011年的32.15%持续上升至2018年的51.60%，而同期欧洲、中东、非洲、亚太和美洲地区占比则呈现不同程度下降。

从海外研发中心和子公司区位分布来看，华为对外直接投资大多采取设立研发中心和独资子公司这两种形式。其中，研发中心大多位于发达国家或印度和俄罗斯等在某些方优势比较突出的新兴市场国家；大部分独资子公司主要位于中国大陆，英、美、德、日、荷兰等传统发达国家，以及中国香港和新加坡等市场开放程度和国际化程度相对较高的新兴经济体，如表5—1所示。

在国际化经营中，华为海外子公司分布也随着世界政治经济格局变化而进行了微调。面临国际生产方式变革对美国带来的压力，美国不但针对中国、欧盟等国家和地区发动了贸易争端，而且加大了对中兴和华为等信息技术类企业的围堵和封锁。在这种情况下，华为美国子公司运营遭遇到了前所未有的困难和障碍。在2018年，华为调整甚至取消了美国子公司功能，微调了位于中国大陆的子公司的功能定位，将华为终端有限公司更名为华为终端（深圳）有限公司，华为终端（东莞）有限公司更名为华为终端有限公司。此外，2018年华为也撤消了位于印尼的PT华为技术投资有限公司。

表5—1　　　　华为海外子公司国别分布及其业务

子公司名称	注册地和经营地	所有权 2018年	所有权 2017年	主要业务
华为技术有限公司（华为技术）	中国	100%	100%	开发、生产、销售通信产品及其配套产品，提供技术支持及维护服务
华为终端有限公司（i）	中国	100%	100%	通信电子产品及配套产品的开发、生产和销售
华为机器有限公司	中国	100%	100%	通信产品的制造
上海华为技术有限公司	中国	100%	100%	通信产品的开发
北京华为数字技术有限公司	中国	100%	100%	通信产品的开发
华为技术投资有限公司（华为技术投资）	中国香港	100%	100%	通信设备的购销
香港华为国际有限公司	中国香港	100%	100%	通信设备的购销
华为国际有限公司	新加坡	100%	100%	通信设备的购销
华为技术日本株式会社	日本	100%	100%	通信产品的开发、销售及相关服务
德国华为技术有限公司	德国	100%	100%	通信产品的开发、销售及相关服务

续表

子公司名称	注册地和经营地	所有权 2018年	所有权 2017年	主要业务
华为终端（深圳）有限公司（ii）	中国	100%	100%	通信电子产品及配套产品的开发、生产和销售
华为终端（香港）有限公司	中国香港	100%	100%	通信电子产品及配套产品的销售及相关服务
华为技术服务有限公司	中国	100%	100%	通信产品及配套产品的安装、技术服务及维修服务，包括咨询
华为软件技术有限公司	中国	100%	100%	软件及通信相关领域产品的开发、制造、销售及服务；云业务的销售
深圳市海思半导体有限公司	中国	100%	100%	半导体产品的开发及销售
海思光电子有限公司	中国	100%	100%	信息技术领域光电子技术与产品的开发、制造及销售
华为数字技术（苏州）有限公司	中国	100%	100%	逆变器产品的开发及销售
华为技术有限责任公司	荷兰	100%	100%	海外子公司投资主体
华为财务管理（英国）有限公司	英国	100%	100%	资金及风险管理
欧拉资本	英属维尔京群岛	100%	100%	融资
格拉资本	英属维尔京群岛	100%	100%	融资

注：(i) 于2018年11月16日，华为终端（东莞）有限公司改名为华为终端有限公司。

(ii) 于2018年5月18日，华为终端有限公司改名为华为终端（深圳）有限公司。

资料来源：华为投资控股有限公司《2006—2018年年度报告》。

二 开放式创新的区位选择

从区位分布看,华为对外直接投资大多位于发达国家,印度和俄罗斯等在某些方面优势比较突出的发展中国家,以及中国香港和新加坡等市场开放程度和国际化程度相对较高的新兴经济体。这些国家(地区)制度环境为华为开放式创新的实施提供了有利的制度环境。

(一) 基于市场需求创新的区位选择

在基于需求的创新方面,美国、日本、欧盟(德国、法国、英国和意大利)等传统发达国家市场体系健全,交易效率高,市场规模大而且竞争激烈,当地消费基本反映了世界市场需求趋势。此外,中国香港、新加坡等小型开放经济体,具有相对健全的市场制度,在市场竞争和需求条件方面制度优势较强(见表5—2)。

在上述国家(地区)直接投资,有利于促进华为与当地文化充分融合,深入了解当地市场需求,从而刺激华为技术创新,更高效地寻求贴近本地客户真实业务需求的行业解决方案,打造真正具有市场竞争力的产品。以华为欧洲研究所为例,围绕德国电信、法国电信、沃达丰等运营商客户设立研发中心,华为不但能够充分利用当地人才开展研究,还可以充分了解客户需求并开展联合创新。

从基于市场需求的开放式创新所需要的制度环境来看,未来华为还可以进一步加大对中国香港、新加坡、韩国、法国和瑞士等市场效率较高的国家和地区直接投资。

表 5—2　　　　　　　　　市场效率高的国家

序号	国家（地区）	市场规模 * 市场效率	序号	国家（地区）	市场规模 * 市场效率
1	美国	0.79	11	法国	0.50
2	日本	0.68	12	瑞士	0.49
3	德国	0.63	13	马来西亚	0.49
4	英国	0.63	14	澳大利亚	0.49
5	中国香港	0.58	15	比利时	0.48
6	加拿大	0.58	16	瑞典	0.47
7	荷兰	0.57	17	阿联酋	0.47
8	新加坡	0.56	18	印度	0.44
9	中国	0.53	19	沙特阿拉伯	0.44
10	韩国	0.51	20	奥地利	0.43

资料来源：笔者根据历年《全球竞争力报告》相关数据计算。

（二）基于全球研发网络创新的区位选择

美国、日本、欧盟（德国、法国和英国、意大利）等发达国家基本上处于创新或效率驱动发展阶段，不但有较大规模市场和较高市场效率，而且社会信用体系健全，社会信任程度普通较高，所处生产阶段较为复杂，生产过程不可契约化程度和供应商质量也相对较高。通过在上述国家设立研发中心或子公司，华为可以在契约化程度较低的研发环节与当地上下游企业开展合作。需要说明的是，尽管目前华为在美国直接投资遇到了挫折，但美国仍然是一个理想的区位。

未来华为可以进一步加强对瑞士、荷兰、德国、丹麦、奥地利、英国、瑞典、挪威、芬兰等社会资本较高和产业链较长的国家的研发投资（见表5—3、表5—4）。

表5—3　　　　　　　　　　社会资本较高的国家

序号	国家	商业复杂*社会资本	序号	国家	商业复杂*社会资本
1	美国	0.88	11	爱尔兰	0.67
2	瑞士	0.84	12	加拿大	0.67
3	荷兰	0.84	13	新西兰	0.63
4	德国	0.80	14	澳大利亚	0.62
5	丹麦	0.80	15	冰岛	0.59
6	奥地利	0.80	16	比利时	0.59
7	英国	0.73	17	卢森堡	0.56
8	瑞典	0.72	18	法国	0.48
9	挪威	0.71	19	卡塔尔	0.47
10	芬兰	0.71	20	马来西亚	0.43

资料来源：笔者根据历年《全球竞争力报告》相关数据计算。

表5—4　　　　　　　　　全球生产网络制度比较优势

序号	国家（地区）	GPNs制度比较优势	序号	国家（地区）	GPNs制度比较优势
1	美国	2.46	26	韩国	1.20
2	瑞士	2.32	27	沙特阿拉伯	1.01
3	德国	2.23	28	西班牙	0.98
4	荷兰	2.17	29	南非	0.97
5	芬兰	2.08	30	意大利	0.96
6	英国	2.04	31	印度尼西亚	0.94
7	瑞典	2.03	32	中国	0.84
8	日本	1.92	33	泰国	0.84
9	丹麦	1.90	34	葡萄牙	0.83
10	奥地利	1.87	35	斯洛文尼亚	0.81
11	加拿大	1.85	36	捷克	0.80
12	新加坡	1.82	37	智利	0.77

续表

序号	国家（地区）	GPNs 制度比较优势	序号	国家（地区）	GPNs 制度比较优势
13	挪威	1.72	38	印度	0.77
14	比利时	1.68	39	斯里兰卡	0.74
15	爱尔兰	1.66	40	马耳他	0.72
16	澳大利亚	1.65	41	爱沙尼亚	0.71
17	法国	1.62	42	哥斯达黎加	0.69
18	新西兰	1.53	43	阿曼	0.68
19	中国香港	1.50	44	巴林	0.67
20	卢森堡	1.46	45	塞浦路斯	0.66
21	马来西亚	1.37	46	菲律宾	0.66
22	卡塔尔	1.33	47	波兰	0.65
23	以色列	1.31	48	巴拿马	0.64
24	阿联酋	1.30	49	土耳其	0.63
25	冰岛	1.21	50	巴西	0.60

资料来源：笔者根据历年《全球竞争力报告》相关数据计算。

（三）基于愿景驱动的基础理论创新的区位选择

总体来看，德国、美国、日本、瑞典、法国等发达国家的创新体系、要素市场和商品市场相对健全。例如，硅谷地区优越的创业环境使之成为世界 IT 技术的发动机，瑞典的制度文化也孕育了国际电信巨头爱立信。虽然与发达国家相比，印度、俄罗斯等新兴市场国家相关制度还不健全，但在某些方面则具有较强的制度优势，特别是印度拥有世界上与软件技术开发相适宜的制度环境，而且在 IT 产业配套服务方面与美国保持着密切联系。

在通信行业，数学、物理等基础科学研究的意义非常重大，是颠覆性技术发展的前提，很多先进技术和解决方案都是通过数学来解决的。在基础科学研究方面，中国与俄罗斯、美国和法国的差距还是相当明显的，而且这种差距是非短期内能够追赶上的。俄罗斯则在数学等基础科学研究方面具有较强的制度优势，在历届菲尔兹奖（数学界的"诺贝尔奖"）获得者中，俄罗斯与美国、法国雄踞前三席。

在外设立研究所，以及加强与商业伙伴合作，是华为保持技术先进性的重要途径。1999年华为在印度班加罗尔设立了第一个研发中心，紧接着2000年在瑞典斯德哥尔摩创建第二个海外研发中心。在随后年份里，为了提高数据通信技术研发能力，华为又陆续在瑞典首都斯德哥尔摩、美国硅谷和达拉斯、俄罗斯的莫斯科等地设立多个研发中心。目前，华为在全球一共设立了大约660个数据中心。在深圳总部协调下，华为采用国际化的全球同步研发体系，充分利用全球人才和制度环境为华为总部的产品开发提供技术支持与服务，研发涵盖云专项、通信专项、5G专项、人工智能、材料专项等领域。

通过对外直接投资，华为可以地理嵌入和网络嵌入东道国创新体系中，充分利用东道国制度优势促进IT技术创新。通过在世界各地设立研究所，华为不但可以直接利用当地人力资本和创新体系，还可以使员工接触到在国内无法真正接触的先进技术，在隐性知识交流和国际研发动态把握中提升技术和产品创新能力。例如，华为手机终端业务的快速发展，与华为欧洲研究所，特别是法国研究所的贡献有很大关系；华为日本研究所在材料研究方面，也给终端发展提供了重要支撑。

从基于全球研发网络创新所需要的制度环境来看，即使面临美国贸易和投资保护主义，华为可以充分利用北美洲的加拿大，欧洲的德国、瑞典、法国、荷兰、丹麦、英国、芬兰、比利时等国，以及亚洲的日本、以色列等国在创新和知识产权保护方面的制度比较优势，进一步加大研发的全球布局（见表5—5）。

表5—5　　　　　　创新制度环境较好的国家

序号	国家	创新*知识产权	序号	国家	创新*知识产权
1	芬兰	0.99	11	以色列	0.64
2	瑞士	0.98	12	奥地利	0.64
3	瑞典	0.84	13	卢森堡	0.64
4	新加坡	0.83	14	法国	0.63
5	日本	0.82	15	挪威	0.62
6	德国	0.80	16	比利时	0.61
7	美国	0.80	17	加拿大	0.60
8	荷兰	0.76	18	爱尔兰	0.57
9	丹麦	0.70	19	澳大利亚	0.54
10	英国	0.68	20	新西兰	0.54

资料来源：笔者根据历年《全球创新指数》相关数据计算。

◇◇第三节　对外直接投资与华为管理模式变革

在对外直接投资过程中，华为树立并坚守"恪守商业道德、遵守国际公约和各国相关法律法规"的国际化经营理念。在这一理念指导下，华为进行了管理模式变革，为开放式创新营造了良好的制度环境[①]。

---

① 本章节写作参考了华为2019年发布的《尊重和保护知识产权是创新的必由之路——华为创新与知识产权白皮书》，https://www.huawei.com/cn/industry-insights/innovation/huawei-white-paper-on-innovation-and-intellectual-property，本专栏参考了华为投资控股有限公司《华为云数据安全白皮书》报告中的数据和资料。

一 华为树立并坚守"合规"和"遵从"理念

在国际化经营实践中,华为清醒地认识到坚持遵守各国法律法规、恪守商业道德的重要性。在对外直接投资过程中,跨国公司只有精通并遵守东道国法律和规章制度,才能合法经营;只有熟悉行业内的游戏规则,才能在较短时间内与上下游企业建立合作关系;只有了解并尊重东道国文化,才能获得当地居民的信任[1]。此外,面临国际化经营过程中竞争对手、专利流氓公司的法律纠纷,遵守当地法律也是华为保护自己的武器。

从 2002 年开始,华为在构建强大研发体系的同时,也构建了强大的法律体系。如今,华为在全球范围内拥有 600 多位资深律师,与全球各国顶级的法律机构密切合作[2]。华为还在全球配置专业团队,跟踪外部法律、法规变化,对标业界最佳实践。华为要求全球各子公司、各部门在业务活动中不但严格遵守东道国所有适用的法律制度,在部分敏感地区视美国法为国际法,而且还遵守联合国相关规定,以及国际投资公约等。

华为在全球 130 多个子公司选拔、培训和任命"合规官",并设立子公司监督型董事会,对各子公司"合规"和"遵从"进行管理和监督;各子公司根据当地法律法规和行业规范要求,"一国一策"地制定合规指南,并通过自检、专项稽查、内部独立审计、聘请第三方审计等途径保障合规管理的有效性。与此同时,华为持续加强对外

---

[1] 龙晓蕾:《华为公司的国际化战略与其创新绩效关系的研究》,博士学位论文,首都经济贸易大学,2013 年。

[2] 田涛:《华为的理念创新与制度创新》,《企业管理》2016 年第 3 期。

合规管理体系与能力建设，积极与客户、业务伙伴及各国政府监管机构等利益相关方沟通、交流与互动，以更加开放、坦诚的姿态全面分享公司在合规体系建设上的努力和经验。

华为将合规要求融入公司政策、制度和业务流程，营造合规文化。华为不但通过员工培训、流程监管等方式强化员工合规意识，确保"合规"和"遵从"融入每一位员工的思想意识与行为习惯之中，而且还将合规管控融入贸易合规、金融合规、反商业贿赂、知识产权与商业秘密保护等公司各个业务场景中。

在贸易合规方面，华为成立了跨集团职能部门、贯穿区域业务的综合贸易合规管理组织，对全公司管理层和员工提供各种形式的贸易合规培训，并将合规管理与监督融入采购、研发、销售、供应、服务等各个业务环节。此外，华为还积极主动与相关政府主管机构开展合规交流、获得审批和必要的许可证，华为还与第三方利益相关人进行例行的合规沟通，不断增加透明度，增强彼此的理解与信任，共同营造以"严格遵从"为基础的良性商业环境。

在金融合规方面，作为一家从事ICT行业的非金融机构，华为积极履行社会责任和法律义务，并协助与之合作的金融机构履行其义务，重视对金融制裁、反洗钱、反恐怖主义融资等方面的风险管理。华为基于国家风险、客户风险、交易类型等方面来综合评估风险，采取与风险相匹配的管理手段，并在采购流程、销售流程、资金流程中嵌入金融合规的关键控制点，运用IT系统对各业务领域进行事前、事中和事后金融合规管控。

在反商业贿赂合规方面，华为从合规文化、治理监督、防范—发现—应对、持续运营等各方面强化反腐败和反商业贿赂管理体系建设。华为对腐败和贿赂行为持"零容忍"态度，华为相信构建高效、透明的反商业贿赂防控机制,将有助于赢得合作伙伴和客户的信赖,从而为华为的可持续发展提供有效保障。华为采取积极有效的制度和措施,将反贿赂与反腐败机制引入经营当中,强化集团和子公司双层反商业贿赂合规体系,并在集团及各业务组织指定关键角色,管控反商业贿赂相关风险。《华为员工商业行为准则》明确要求员工在商业活动中遵守法律法规以及政府对商业交易的有关要求,禁止员工在商业活动中采取行贿受贿等不正当手段,不得提供或接受超出一般价值的馈赠和商业款待。此外,公司还设立了内部投诉渠道、调查机制、防腐机制与问责制度,并在与供应商签订的《诚信廉洁合作协议》中明确相关规则,供应商能根据协议内提供的渠道,举报员工的不当行为,以协助公司对员工的诚信廉洁进行监察①。

二 华为成为知识产权规则的遵循者、实践者和贡献者

在国际市场上,跨国公司之间竞争的实质是技术水平和管理能力的较量。在对外直接投资过程中,华为面临的最大挑战之一就是来自国际竞争者对其知识产权的诽谤和指控。在2002年华为进军美国市场过程中,西方跨国公司对华为集中发起了专利进攻。知识产权冲突使华为领导层认识到,要想在全球尤其是在发达国家市场获得立足之地,必须坚守知识产权的底线。于是,华为遵从全球规则,法务部门

---

① 内部审计部门对公司整体控制状况进行独立和客观的评价,并对违反商业行为准则的经济责任行为进行调查,审计和调查结果报告给公司高级管理层和审计委员会。此外,华为建立了对各级流程责任人、区域管理者的内控考核、问责及弹劾机制,并例行运作。审计委员会和公司 CFO 定期审视公司内控状况,听取内控问题改进计划与执行进展的汇报,并有权要求内控状况不满意的流程责任人和业务管理者汇报原因及改进计划,或向人力资源委员会提出问责建议或弹劾动议。

主动与西方公司就专利使用问题进行谈判，实现了"以土地换和平"。直到今天，华为一直遵守和运用国际知识产权通行规则，依照国际惯例处理知识产权事务，积极真诚地通过交叉许可、商业合作等多种途径解决知识产权问题。自 2001 年签署第一份专利许可合同至今，华为支付的专利使用费累计超过 60 亿美元，其中约 80% 是支付给美国公司的①。

国际投资中的知识产权纠纷也使华为立志构建自己的知识产权体系。在 2002 年遭遇西方公司知识产权指控之后，华为就提出"08 战略"，即在 2008 年前用 5 年时间构建"核心专利＋无数普通专利"的知识产权体系，以抗衡西方同类竞争企业。华为坚持每年将 10% 以上的销售收入投入研究与开发中，近十年累计投入研发费用超过人民币 6000 亿元。其中，2019 年研发费用支出高达人民币 1316.59 亿元，约占全年收入的 15.3%；全球研究与开发人员约 9.6 万名，约占公司总人数的 49%。在强大的研发支持下，华为成为全球最大的专利持有企业之一，截至 2019 年年底，全球共持有有效授权专利 85000 多件，90% 以上专利为发明专利。目前，华为与世界主要 ICT 企业达成了专利交叉许可，并通过自身实践致力于行业和国家的创新和知识产权环境的完善②。无论是从创新成果及其产生的价值，还是从知识产权争议的解决结果来看，都验证了华为已经形成了良好的创新与知识产权运作机制③。

---

① 田涛：《华为的理念创新与制度创新》，《企业管理》2016 年第 3 期。
② 田涛：《华为的理念创新与制度创新》，《企业管理》2016 年第 3 期。
③ 华为：《华为创新与知识产权白皮书》，https：//www.huawei.com/cn/industry-insights/innovation/huawei-white-paper-on-innovation-and-intellectual-property。

三 华为更加重视网络安全和商业秘密

网络安全是近几年来华为国际化经营过程中遇到的最大挑战之一。例如，美国联邦贸易委员会以"国家安全"为名拒绝华为在美国收购，或者美国商务部工业与安全局（BIS）以信息安全为名将华为列入美国实体清单，迫使美国公司对华为断供芯片。因此，华为把构筑并全面实施端到端的全球网络安全保障体系作为重要发展战略之一，倡导并践行在创新中构筑安全，在合作中增进安全，共建可信的数字世界，积极倡议制定并实施统一的网络安全国际标准。

华为高度重视供应商和自身产品的安全。华为将网络安全融入研发、供应链、服务交付、人员管理、供应商管理等业务中，全面实施端到端全球网络安全保障体系。针对华为自己的产品，华为建立了多层次的网络安全评估流程，通过华为内部网络安全实验室客户评估，以及英国安全认证中心、西班牙电信等第三方严格的审计与评估。华为也把从这些测试和评估中学习到的知识和专业技能运用到流程优化、标准和政策制定中，以持续提升在所有国家所有产品的质量和安全。与此同时，华为持续完善制造系统，建立了独立的软件测试云及其安全保障系统，并同步部署到全部 62 家 EMS 厂家，以保障制造运行过程中的安全。

华为积极推动网络安全政策和标准制定。网络安全是全球性挑战，保障网络安全是全社会、全行业的共同责任。行业和监管机构需要制定统一的网络安全标准和评估认证制度，设备供应商的责任是遵从标准、制造安全的设备，运营商的责任是负责网络运营安全。2012—2014 年，华为连续三年发布网络安全白皮书，阐述华为对网络安全问题的认识、理解以及"开放、透明、可视"的网络安全立场和观点，倡议制定并实施统一的网络安全国际标准，并分享了华为 100 个重要的网络安全案例，以共同提升所有技术安全水平。在随后的年份里，华为又针对云存储和物联网等具体领域发布了《华为云安全白皮书》和《IoT 安全白皮书》。与此同时，华为还积极开展业界主流的安全认证，2018 年主力产品获得 11 个国际相关安全认证，其中 NE40E 产品软件获得德国 BSI NDcPP 认证，OSN 1800 V 产品软件获得德国 BSI CC EAL2 认证，终端旗舰机型 Mate20 的 InSE 芯片获得金融领域 EMVCo 认证，华为云通过了 ISO 27018、SOC1/2、PCI DSS 等权威安全认证。

华为秉承开放、透明的态度，通过多种平台、组织和渠道与外界开展有效合作。网络安全是一个全球性挑战，数字基础设施建设也需要全球供应链上供应商、客户和政策与法律制定者之间的全球合作。目前，华为已与英国、加拿大、德国、法国等多国政府建立了长期有效的网络安全合作与沟通机制。其中，2019 年 3 月华为在比利时布鲁塞尔启用的网络安全透明中心，成为华为与欧洲当地政府、客户、行业合作伙伴开展沟通与合作的平台，客户可以在中心通过标准认证和安全验证，以更好地了解华为产品和解决方案的安全性。

华为严格遵从全球适用的隐私保护法律，包括欧盟通用数据保护条例（General Data Protection Regulation，GDPR）。华为建立全球商业秘密立法跟踪机制，主动和司法机关、团体及律所等咨询机构沟通、学习和研讨，从而建立起完整的商业秘密保护体系，坚决杜绝侵犯他人商业秘密的行为。华为采用了业界认可的隐私保护方法和实践，将隐私设计和隐私影响评估方法（Privacy Impact Assessment，PIA）融入产品和服务开发（Privacy by Design，PbD）过程中，从而更好地识别和消减业务活动中的隐私风险。华为还将商业秘密"合规"和"遵从"嵌入公司的政策、制度及流程中，对全员进行商业秘密"合规""遵从"培训，设立全球商业秘密立法跟踪机制，主动和司法机关、律所等机构沟通交流，建立了成熟的商业秘密"合规""遵从"管理体系。

华为恪守自己的业务边界，拒绝机会主义行为。作为一家设备供应商，华为既不运营电信网络，也不掌握客户数据，华为责任主要在于打造安全可信的高质量产品。华为坚持开放、合作、共赢，承诺不用客户数据变现，不与应用开发伙伴争利，不做股权投资。在2018年，华为对2778家涉及网络安全的主流供应商进行了风险评估和跟踪管理，与582家涉及隐私保护的供应商签署了数据保护协议（Data Protection Agreement，DPA），并作了隐私保护尽职调查。华为积极倡导可信理论，提升软件工程能力，打造可信高质量的产品，将可信和高质量做成华为产品与生俱来的属性，让华为产品成为可信和高质量的代名词。此外，华为在运用管理和技术手段保证用户个人数据安全的同时，也积极帮助监管机构、客户及用户了解华为收集、处理及保护个人数据的具体流程。

专栏：可信 Built-in 管理体系[①]

在可信理论和现代软件工程方法指导下，华为分别从管理体系、文化意识、人员能力等维度全面开展变革。

管理体系：整合成立产品数字化与 IT 装备部，打造可信软件工具链。在可信 Built-in IT& 工具链方面，可信编码、可信构建工具基

[①] 本专栏参考了华为投资控股有限公司《华为云数据安全白皮书》中的数据和资料。

本就绪，为各产品开发提供高效、快速反馈、过程可信的环境。提升研发桌面云、计算云和网络基础设施的性能和体验，并解决其业务连续性问题。

文化意识：构建"人人追求高质量代码、人人追求写干净代码"的可信及软件文化。优化基层组织阵型和运作模式，代码质量是软件工程师绩效评价的考虑因素之一。

人员能力提升：所有软件工程师要在2年内通过认证，持证上岗。成立可信软件工程学院，构建了培训认证体系和平台，对软件开发管理者、软件工程师、系统工程师、产品管理工程师等软件关键角色全面开展赋能和认证，2019年已有9000多人通过认证。

过程可信：核心是全过程中防植入、篡改、后门等，整个过程可重复、可追溯。2019年初步形成从需求、代码、构建、测试到发布与部署全过程的过程可信能力，62个产业/产品参与变革。

代码重构：营造团队代码整洁和持续重构的文化氛围，基于结果可信优化产品架构，在新架构下进行历史代码重构，实现代码整洁。

结果可信：核心是要实现安全和韧性，从架构上系统地解决，节奏上稳扎稳打地逐步推进。2019年所有产品完成威胁分析、可信产品定义和外部认证目标规划，并以此指导软件架构优化。其中，MA5800通过英国CSF Tier 4认证、EulerOS通过CC EAL4+、HongMeng Kernel通过CC EAL5+。

第 六 章

中国对外直接投资的区位和产业分布

与传统的国际产业梯队转移略有不同，高附加值生产环节与所需制度环境匹配，促使中国大部分对外直接投资流向了经济发展水平较高的新兴经济体或发达国家。与此相对应，中国对外直接投资产业分布也更加倾向于服务业以及先进制造业领域。

◇ 第一节 中国对外直接投资区位分布

与传统的国际产业梯队转移略有不同，高附加值生产环节与所需制度环境匹配，促使中国大部分对外直接投资流向了经济发展水平较高的新兴经济体或发达国家。[①]

截至2018年，中国对发展中国家（地区）投资存量为17085.3亿美元，占对外直接投资存量总额的86.2%，对发达国家（地区）的直接投资存量为2431.7亿美元，占比为12.3%。在发展中国家（地区）中，仅对中国香港的直接投资存量就高达11003.9亿美元，占比为

[①] 本章分析所采用数据主要来自 CEIC 数据库和2003—2018年《中国对外直接投资统计公报》。

55.5%。鉴于中国香港和避税天堂（开曼群岛、英属维尔京群岛、百慕大群岛）地位特殊性，如果我们把它们从发展中国家（地区）剔除的话，中国对发展中国家（地区）的直接投资存量占比只有10.6%，而同期中国对发达国家（地区）的投资存量占比达到了12.3%。

根据商务部发布的《2018年度中国对外直接投资统计公报》，在2018年，中国香港、英属维尔京群岛和开曼群岛位居中国大陆对外直接投资流量前三名，它们的流量占比之和为69.5%。如果不考虑具有特殊地位的香港，美国是吸引中国对外直接投资流量最多的国家。在中国对外直接投资流量排名前20位国家（地区）中，如果不考虑中国香港、中国澳门和开曼群岛、英属维尔京群岛，发达国家有10位，它们的流量占比之和为17.7%；发展中国家（地区）有6位，它们的流量占比之和为5.6%，如表6—1所示。

在中国对外直接投资存量前20位国家（地区）中，中国香港、中国澳门、开曼群岛、英属维尔京群岛和百慕大群岛这五个经济体在存量中占比之和为76.1%。如果不考虑中国香港、中国澳门和避税天堂（开曼群岛、英属维尔京群岛、百慕大群岛），发达国家有10位，它们的存量占比之和为13%，美国是吸引中国对外直接投资存量最多的国家；发展中国家也有5位，它们的存量占比之和为2.6%，如表6—2所示。

在发达国家（地区）中，中国对外直接投资又主要集中在美国和欧盟。《2018年度中国对外直接投资统计公报》显示，截至2018年年末，中国对美国直接投资存量为755.1亿美元，占比为31.1%；对欧盟直接投资存量为907.4亿美元，在对发达经济体投资存量中所占比例为37.3%；中国对澳大利亚直接投资存量也占到了15.8%。在欧盟中，吸引中国对外直接投资存量上百亿美元的国家有英国、荷兰、卢森堡和德国，如表6—3所示。

表6—1　2018年中国对外直接投资流量前20位国家（地区）情况

序号	国家（地区）	流量（亿美元）	占比（%）	序号	国家（地区）	流量（亿美元）	占比（%）
1	中国香港	868.7	60.7	11	德国	14.7	1.0
2	美国	74.8	5.2	12	老挝	12.4	0.9
3	英属维尔京群岛	71.5	5.0	13	越南	11.5	0.8
4	新加坡	64.1	4.5	14	阿拉伯联合酋长国	10.8	0.8
5	开曼群岛	54.7	3.8	15	瑞典	10.6	0.7
6	卢森堡	24.9	1.7	16	荷兰	10.4	0.7
7	澳大利亚	19.9	1.4	17	韩国	10.3	0.7
8	印度尼西亚	18.6	1.3	18	英国	10.3	0.7
9	马来西亚	16.6	1.2	19	中国澳门	8.1	0.6
10	加拿大	15.6	1.1	20	柬埔寨	7.8	0.6

资料来源：商务部、国家统计局、国家外汇管理局：《2018年度中国对外直接投资统计公报》。

表6—2　截至2018年年末中国对外直接投资存量前20位国家（地区）情况

序号	国家（地区）	存量（亿美元）	占比（%）	序号	国家（地区）	存量（亿美元）	占比（%）
1	中国香港	11003.9	55.5	11	德国	136.9	0.7
2	开曼群岛	2592.2	13.1	12	印度尼西亚	128.1	0.7
3	英属维尔京群岛	1305.0	6.6	13	加拿大	125.2	0.6
4	美国	755.1	3.8	14	中国澳门	88.7	0.5
5	新加坡	500.9	2.5	15	马来西亚	83.9	0.4
6	澳大利亚	383.8	1.9	16	百慕大群岛	83.2	0.4
7	英国	198.8	1.0	17	老挝	83.1	0.4
8	荷兰	194.3	1.0	18	哈萨克斯坦	73.4	0.4
9	卢森堡	153.9	0.8	19	瑞典	69.0	0.4
10	俄罗斯联邦	142.1	0.7	20	韩国	67.1	0.3

资料来源：商务部、国家统计局、国家外汇管理局：《2018年度中国对外直接投资统计公报》。

表6—3　截至2018年年末中国对发达国家（地区）直接投资存量情况

国家（地区）	存量（亿美元）	比重（%）
欧盟	907.4	37.3
美国	755.1	31.1
澳大利亚	383.8	15.8
加拿大	125.2	5.1
百慕大群岛	83.2	3.4
瑞士	50.0	2.1
以色列	46.2	1.9
日本	34.9	1.4
新西兰	25.9	1.1

资料来源：商务部、国家统计局、国家外汇管理局：《2018年度中国对外直接投资统计公报》。

第二节　中国对外直接投资产业分布

跨境制度匹配引致的对外直接投资，更多地流向了发达国家。与此相对应，中国对外直接投资产业分布也更加倾向于服务业以及先进制造业领域。

一　中国对外直接投资产业分布

从流量方面看，2009年以来中国对外直接投资产业主要集中在租赁和商业服务、批发和零售贸易、金融业、采矿和制造业，如图6—1所示。

制造业在对外直接投资中占比较低，主要集中于有利于技术提升的领域。2009—2018年制造业平均占比为10.50%，最低点为2009

年的3.96%，最高点为2017年的18.64%。2018年，中国制造业海外直接投资191.1亿美元，占13.40%。如果对制造业进一步细分行业的话，中国对外直接投资主要集中在汽车制造、计算机/通信及其他电子设备制造、专用设备制造、医药制造、金属制品、有色金属冶炼和压延加工、食品加工、非金属矿物制品、电气机械和器材制造、铁路/船舶/航空航天和其他运输设备制造、通用设备制造、纺织业等行业。其中，流向装备制造业的投资为114亿美元，同比增长3.40%，在制造业对外直接投资中的占比为59.70%。

服务业在对外直接投资中占比较高，更多地集中于租赁和商业服务、批发和零售贸易、金融业，但技术和专业服务占比相对较低。租赁和商业服务业历年占比最高，2009—2018年的平均占比为32.82%，2010年曾经高达44.01%，即使在2015年最低点也占到了近四分之一。批发和零售贸易、金融业这十年占比相对平稳，二者平均占比接近13.00%；信息传输、软件和信息技术服务，以及科研及综合技术服务占比并不高，但一直在缓慢上升，二者平均占比分别为2.85%和1.71%。

采矿业在对外直接投资中也具有相对重要的地位，但占比呈现出下降趋势。2009—2018年采矿业平均占比为11.27%，在2009年占比达到了23.60%，但2017年占比却为负2.34%。此外，农业、林业、畜牧业、渔业等其他产业占比很低，在此我们不做详细分析。

总之，自2009年以来，从流量方面看，中国对外直接投资产业主要集中在租赁和商业服务、批发和零售贸易、金融业、采矿和制造业。制造业在对外直接投资中占比较低，主要集中于有利于技术提升的领域。服务业在对外直接投资中占比较高，更多地集中于租赁和商业服务、批发和零售贸易、金融业，技术和专业服务占比相对较低。采矿业在对外直接投资中也具有相对重要的地位，但占比呈现出下降趋势。

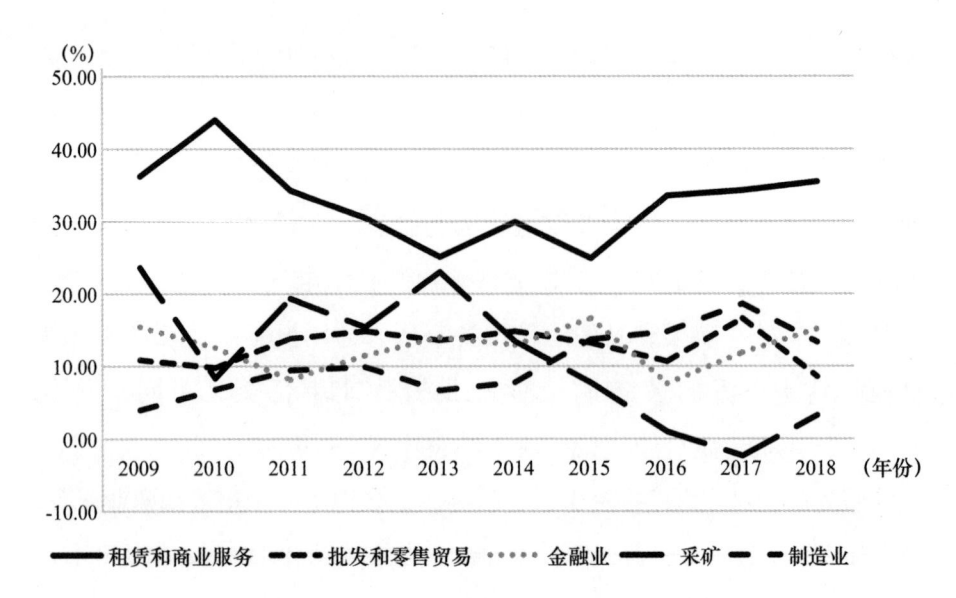

图 6—1　2009—2018 年中国对外直接投资产业分布

资料来源：根据商务部等三部门联合发布的 2009—2018 年度《中国对外直接投资统计公报》相关数据绘制。

◇ 第三节　中国对不同类型经济体同一产业投资比较分析

在跨境制度匹配过程中，中国对主要国家直接投资位于全球生产链的什么阶段呢？虽然我们没有全球生产链直接投资详细数据，但我们可以从产业投资中窥见一斑。在此，我们主要以中国对美国、欧盟等发达国家（地区），以及东盟和俄罗斯等发展中国家（地区）直接投资的产业分布为例加以分析。

一 制造业及其研发直接投资大多集中在发达国家或地区

自2009年以来,中国对美国、欧盟等发达国家(地区)制造业投资在中国对上述地区直接投资中所占比例显著高于对东盟和俄罗斯的占比,而且这一占比在波折中上升。2009—2018年,制造业在中国对美国和欧盟直接投资中占比均值分别为36.70%和32.10%;对欧盟的这一比重在2015年高达到最高点55.17%,对美国的这一比重在2017年高达到最高点56.10%。同期,制造业在中国对俄罗斯和东盟直接投资中所占比重均值分别为15.50%和19.10%,对俄罗斯的这一比重在2018年达到最高值29.21%,对东盟的这一比重在2016年达到最高值34.48%,如图6—2所示。

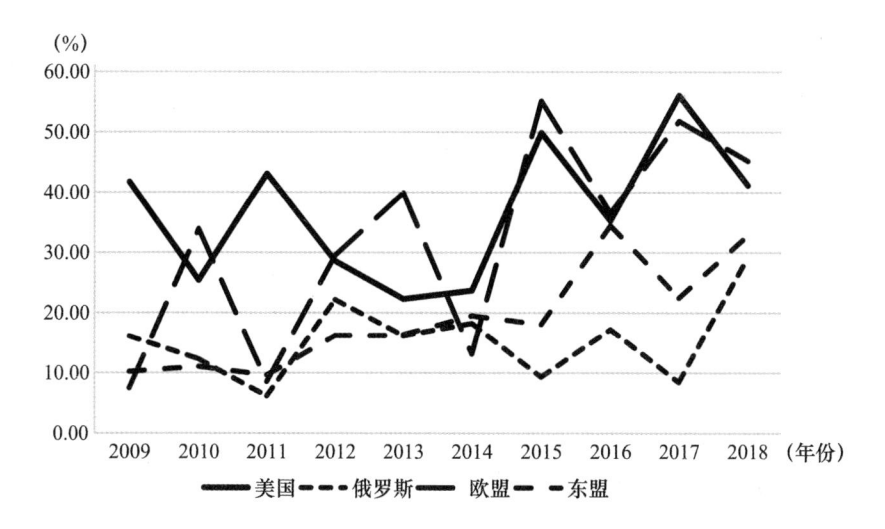

图6—2 2009年以来中国对美国、欧盟、东盟和俄罗斯制造业投资
分别在中国对上述地区直接投资中的占比

资料来源:根据商务部等三部门联合发布的2009—2018年度《中国对外直接投资统计公报》相关数据绘制。

根据产品生命周期理论，发达国家一般处于制造业研发和少部分加工制造阶段，中国对发达国家（地区）的制造业投资主要是为了向研发环节攀升，在发展中国家（地区）制造业投资则主要是为了现有生产阶段的产能转移。在此，我们主要从中国对美国、欧盟、俄罗斯和东盟的科研和综合技术服务投资，以及信息传输、软件和信息技术服务等方面进行考察。

自2009年以来，中国对美国、欧盟等发达国家（地区）科研和综合技术服务投资在中国对上述地区直接投资中所占比例明显高于对东盟和俄罗斯的占比，对美国和欧盟的这一占比均值分别为6.80%和3.50%，而同期对俄罗斯和东盟的占比均值分别为1.05%和1.24%。就这一占比的最高值而言，美国、欧盟、俄罗斯和东盟的占比分别为15.30%、10.71%、6.47%和3.78%，如图6—3所示。

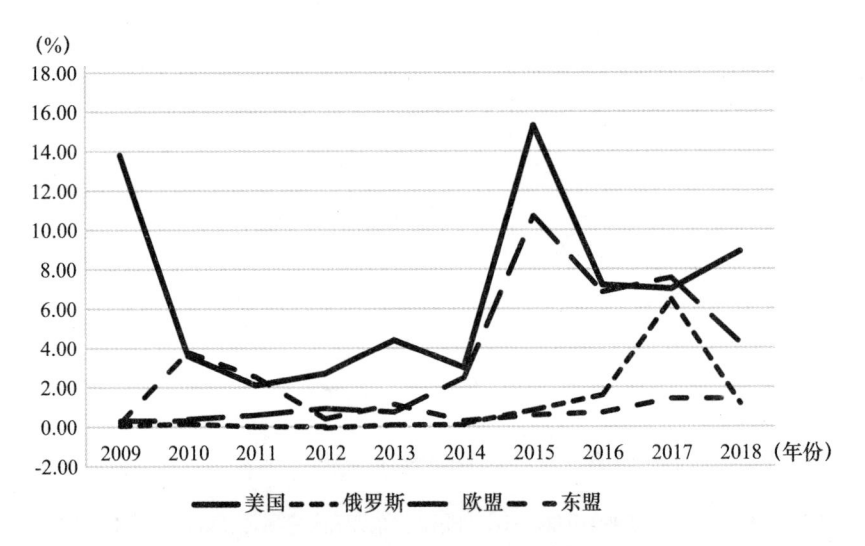

图6—3 2009年以来中国对美国、欧盟、东盟和俄罗斯科研和综合技术服务投资分别在中国对上述地区直接投资中的占比

资料来源：根据商务部等三部门联合发布的2009—2018年度《中国对外直接投资统计公报》相关数据绘制。

与科研和综合技术服务投资相似，中国对美国、欧盟等发达国家（地区）信息传输、软件和信息技术服务投资在对上述国家（地区）直接投资中的占比依然较高，尤其是该产业在对美国直接投资中的占比最高。2009—2018年，中国对美国、欧盟等发达国家（地区）信息传输、软件和信息技术服务投资在中国对上述地区直接投资中占比均值分别为4.75%和1.30%，而同期对俄罗斯和东盟的占比均值都非常低，分别为0.27%和0.31%。就这一占比的最高值而言，美国、欧盟、俄罗斯和东盟的占比分别为29%、5.08%、2.29%和1.86%，如图6—4所示。

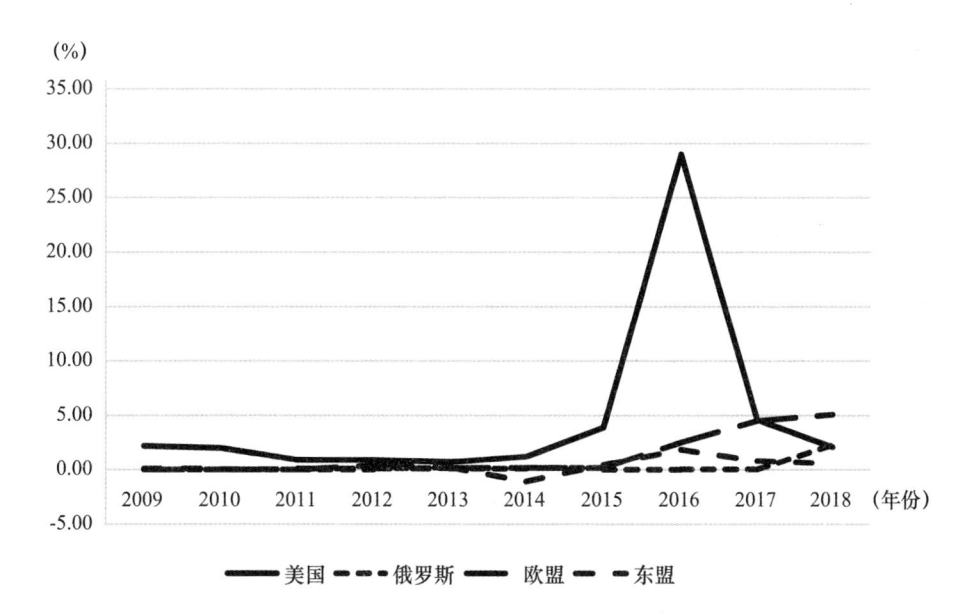

图6—4　2009年以来中国对美国、欧盟、东盟和俄罗斯信息传输、软件和信息技术服务投资分别在中国对上述地区直接投资中的占比

资料来源：根据商务部等三部门联合发布的2009—2018年度《中国对外直接投资统计公报》相关数据绘制。

在美国和欧盟投资的中资企业调查也从另一个角度证实了上述情况。2018 年美国中国商会对中资企业的调研表明，67% 的受调查企业在美投资是为了打造国际知名品牌和提升公司形象，33% 的受调查企业是为了获得先进技术和管理技能，23% 的受调查企业是为了研发和国际商务。在 2014—2017 年，打造国际知名品牌的比例分别为 23%、27%、24% 和 49%；提升公司形象的比例分别为 43%、28%、38% 和 33%；获得先进技术的比例为 37%、45%、34% 和 39%。在 2015—2017 年，学习管理技能的比例分别为 50%、40% 和 42%。

2019 年中国企业在欧发展报告表明，许多中国企业在欧盟国家投资已不再局限于财务投资和市场扩张，而是把欧盟作为研发环节部署的重要区位，为价值链攀升和企业长远发展奠定基础。例如，吉利汽车已在德国、瑞典等地建立了新能源汽车领域的研发中心，主要开展关键技术与零部件研究；中车则在德国、英国建立了轨道交通技术研发中心，专门从事轨道交通装备轻量化相关技术研发。

专栏：中资企业在欧盟设立的研发中心

在德国设立的研发中心：北汽德国亚琛研发中心、北汽德累斯顿研发中心、徐工欧洲研发中心、三一重工德国贝德堡研发中心、中德轨道交通技术（德累斯顿）联合研发中心、华为欧洲研究中心总部、华为德国杜塞尔多夫研究所、中兴智能手机设计中心、中兴德国德累斯顿研发中心、海能达德国研发中心、海信欧洲研发中心。

在英国设立的研发中心：上海汽车英国技术中心、长安汽车英国研发中心、吉利英国考文垂研发中心、中英轨道交通技术联合研发中心、海能达英国研发中心。

在法国设立的研发中心：华为法国格勒诺布尔研发中心、华为法国索非亚科技园研发中心、华为法国数学研究中心、中兴通讯欧洲研发培训中心。

在意大利设立的研发中心：江淮意大利研发中心、北汽意大利都灵研发中心、中兴意大利拉奎拉大学联合创新研发中心。

在西班牙设立的研发中心主要有：北汽西班牙巴塞罗那研发中心、海能达西班牙研发中心。

此外，中资企业在欧盟其他国家设立的研发中心还有：华为网络透明中心（比利时）、深圳华大基因研究院欧洲研究中心（丹麦）、长城汽车欧洲研发中心（奥地利）、中兴通讯欧洲网络维护中心NOC（匈牙利）等。

资料来源：欧盟中国商会：《中国企业在欧发展报告（2019）》。

二 租赁和商务服务业在对避税天堂直接投资中占比较高

在租赁和商务服务方面，除了正常业务以外，为避税或转移财产而设立的投资控股公司也在此范围内。因此，租赁和商务服务在中国对外直接投资中的占比一直较高。由于中国香港、新加坡、荷属安的列斯、英属维尔京群岛、卢森堡、爱尔兰、荷兰、比利时、马耳他和塞浦路斯、百慕大、瑞士、泽西等国家（地区）"财务保密指数"（Financial Secrecy Index）[①] 相对较高，租赁和商务服务业在中国对欧盟和东盟直接投资中所占比例也相对较高。例如，2009年租赁和商

---

① "财务保密指数"报告综合20项测评指标评定结果而成，所有指标归为4类：所有权登记、法人运营透明度、税收及财务监管一体化程度、国际标准适用度及国际合作参与度。据英国"税收公正联盟"（Tax Justice Network）发布的2018年度"财务保密指数"（Financial Secrecy Index），瑞士、美国、英属开曼群岛分别列居榜首，成为了全球财务最不透明的"避税天堂"。

务服务在中国对欧盟直接投资中的占比一度高达78%。

如上所述，开拓美国市场是绝大部分中资企业对美国投资的一个重要动机，再加上美国全球离岸操作比重较高，而且在跨国金融信息交换、反洗钱等方面与中国缺少有效的合作与沟通机制，"财务保密指数"也相对较高，租赁和商务服务在中国对美国直接投资所占比例虽然不及欧盟和东盟，但对于一个国家而言，这一比例依然较高。

作为"金砖五国"重要成员，俄罗斯市场潜力较大，而且并不强制要求企业披露所有者和受益人信息、财务报告及其在其他国家的运营信息和税务信息。自2008年国际金融危机爆发至2012年，相对于东盟和美国而言，俄罗斯对租赁和商务服务业投资具有较大吸引力。虽然在金融系统保密度方面，俄罗斯与美国不相上下，但离岸操作方面的份额还不足1%，司法案件审理不透明也较高，自2013年以来，租赁和商务服务业投资在中国对俄罗斯直接投资中所占比重，虽然在2016年和2017年略有回升，但总体上呈下降趋势，2018年占比为-1.33%，如图6—5所示。

三 矿产资源和建筑业在对外直接投资中占比相对较低

在矿产资源投资方面，除了某些年份受大宗交易影响而占比较高以外，在大部分国家（地区）的大部分年份的直接投资中所占比例基本上都维持在10%以下，甚至在个别年份因撤资而占比为负。就美国而言，2012—2014年是矿产资源投资比例较高年份，分别为34.90%、41.20%和17.90%，但在2015年占比却为-19.40%；就欧盟而言，2011年是矿产资源投资比例较高年

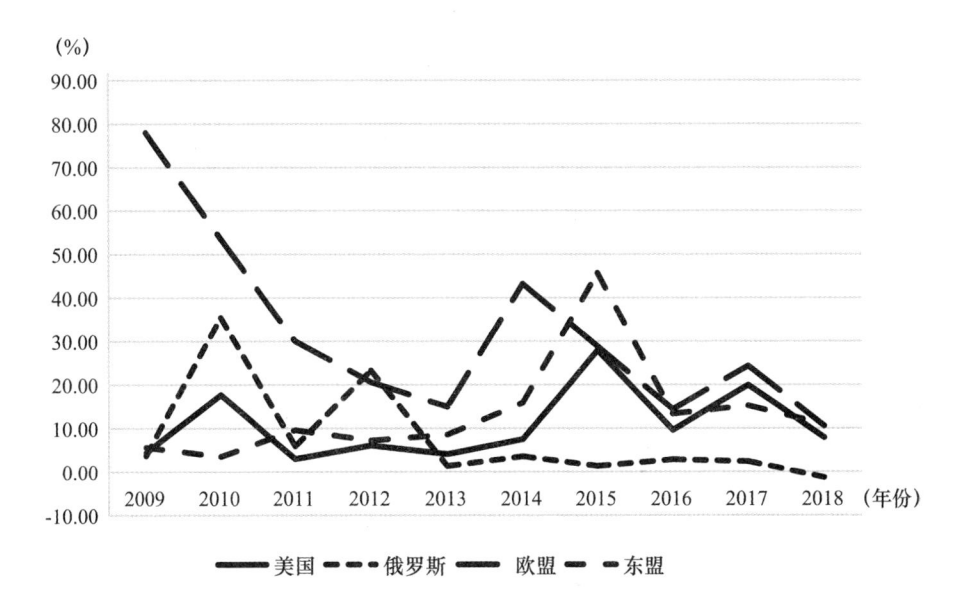

第六章　中国对外直接投资的区位和产业分布 | **141**

图6—5　2009年以来中国对美国、欧盟、东盟和俄罗斯租赁和商务服务投资
分别在中国对上述地区直接投资中的占比

注：欧盟2015年异常值，运用相邻年份平均值替代。

资料来源：根据商务部等三部门联合发布的2009—2018年度《中国对外直接投资统计公报》相关数据绘制。

份，达到了44.85%，但在2017年占比却为 -12.67%。在东盟的投资也表现出类似趋势，除了2009、2010、2012和2013年占比较高以外，分别为17.25%、20.39%、28.10%和16.98%，其他年份占比也低于10.00%。但是，矿产资源投资在对俄罗斯直接投资中具有重要地位，只有2009年和2010年占比低于10%，分别为5.95%和8.64%，如图6—6所示。

除了个别年份以外，建筑业在中国对上述国家（地区）直接投资所占比例基本上都维持在10.00%以下。在这些国家或地区中，由于欧盟发达国家相对较多，建筑业在中国对欧盟直接投资中所占比例最低,近十年平均占比都低于1.50%;由于东盟发展中国家相对较多,再加上"一带一路"倡议推动,建筑业在中国对东盟直接投资中平均占比最高,近十年所占比例平均值为7.80%。除了2010年占比为12.90%以外,建筑业在中国对美国直接投资中所占比例都不超过5.00%。建筑业在中国对俄罗斯直接投资中所占比例与美国基本相当,除了2012年和2018年占比分别为7.98%和9.84%以外,其他年份占比也全在5.00%以下,如图6—7所示。

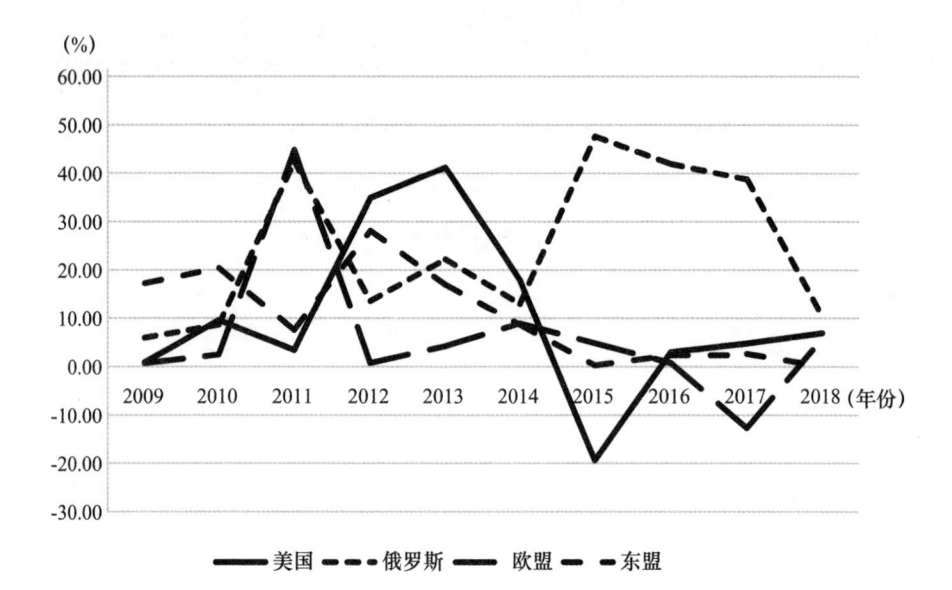

图6—6 2009年以来中国对美国、欧盟、东盟和俄罗斯采矿业投资分别在中国对上述地区直接投资中的占比

注:欧盟2015年异常值,运用相邻年份平均值替代。

资料来源:根据商务部等三部门联合发布的2009—2018年度《中国对外直接投资统计公报》相关数据绘制。

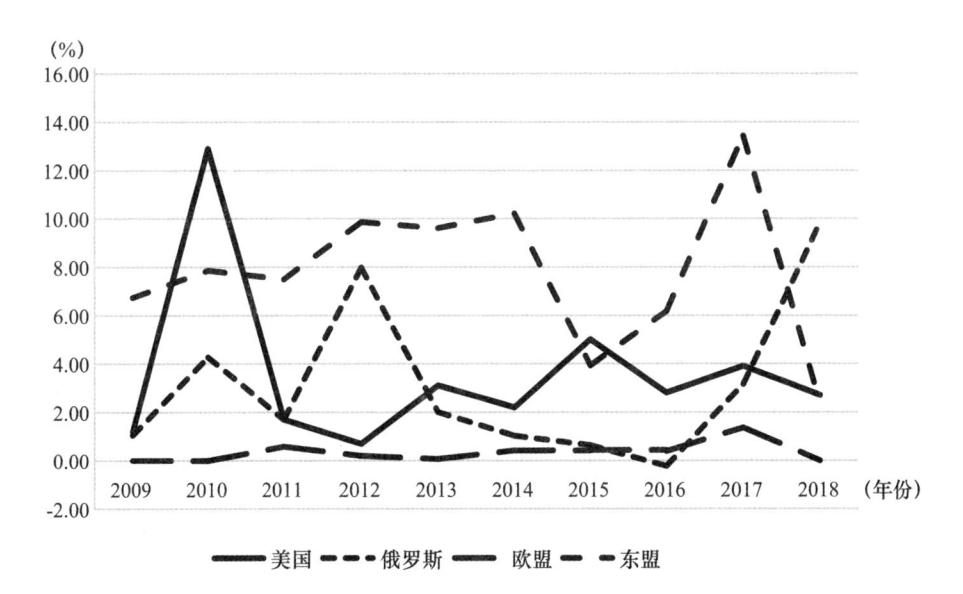

图6—7 2009年以来中国对美国、欧盟、东盟和俄罗斯建筑业投资分别在中国对上述地区直接投资中的占比

资料来源：根据商务部等三部门联合发布的2009—2018年度《中国对外直接投资统计公报》相关数据绘制。

四 金融业对外直接投资主要集中在"财务保密指数"较高国家或地区

除了2016年在对各地区直接投资中的占比都相对较低以外，在其他年份里不同地区的占比略有差异。总体来看，金融业在中国对欧盟直接投资中所占比例最高，2009—2018年平均占比达到13.60%，其次是东盟，2009—2018年平均占比为7.90%。虽然金融业在中国对俄罗斯直接投资中占比不及欧盟和东盟，但作为单个国家来说是相对较高的，十年平均占比也达到了5.40%。就美国而言，金融业撤资现象较为明显，2009—2012年占比基本上维持在10.00%左右，但此后出现了大规模撤资，尤其是2016年和2017年占比分别为-20.90%和-18.10%，这十年的平均占比为1.49%，在上述国家或地区中是最低的。总体上来看，2011年之前，金融业在中国对美国直接投资中所占比例趋势与东盟相反，而2011年之后的趋势则与欧盟和俄罗斯相反，如图6—8所示。

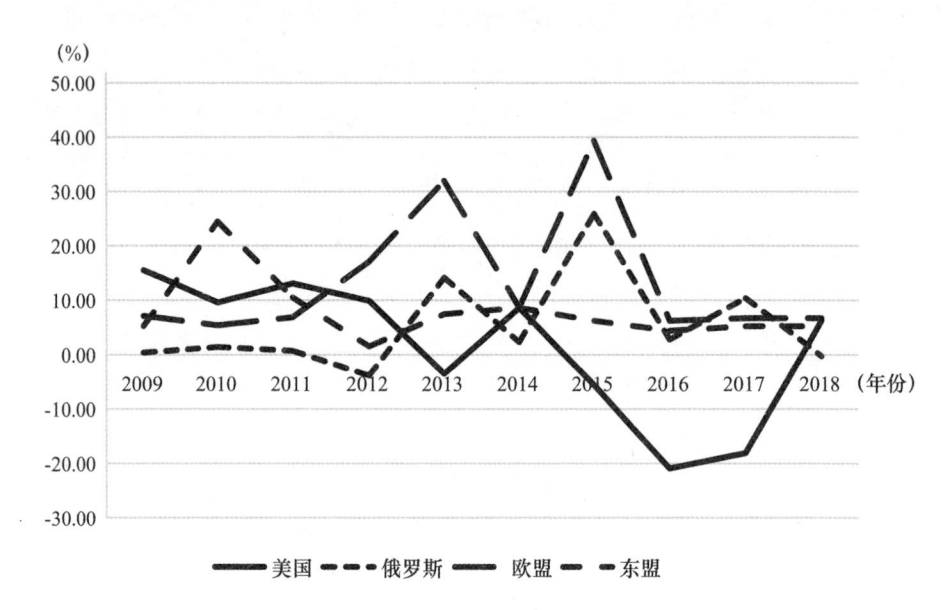

图6—8 2009年以来中国对美国、欧盟、东盟和俄罗斯金融中介服务业投资分别在中国对上述地区直接投资中的占比

资料来源：根据商务部等三部门联合发布的2009—2018年度《中国对外直接投资统计公报》相关数据绘制。

第七章

对外直接投资与价值链升级实证分析

在全球生产链上，研发、品牌和营销等环节是租金获取能力较强环节，而且这些环节租金获取更多地依赖于创新和创意能力。在前面理论研究基础上，本章运用计量模型定量研究了对外直接投资引致的国内制度变迁，以及东道国制度通过对外直接投资传导机制对母国创新和创意能力提升的影响。

◇ 第一节 价值链升级指标选择

关于全球价值链升级问题，现有文献主要从价值链位置指数（GVC-Position）和上游度指数（Upstreamness）这两个方面进行了探讨。基于高附加值国家主要通过出口技术和原材料及其核心零部件参与国际分工，而低附加值国家主要通过进口外国中间品进行生产这一假设，价值链位置指数从一个国家总出口中国内间接附加值与外国附加值的比较中，相对地确定本国在价值链中的位置。如果国内间接附加值占比大于外国附加值占比，则本国在全球价值链中地位较高，反之则较低①。基于全球生产序列性特征,一个国家所生产原材料或零部件与最终品的距离越大,则该国所处生产阶段就越接近全球价值链上游②。

上述两种价值链地位指数设计方法存在一些缺陷和不足。价值链位置指数的计算是基于非竞争型投入—产出表,而非竞争型投入—产出表构建又建立在一系列严格的假设之上,未区分一般贸易中的进口中间产品和最终产品,也无法体现出真正反映经济体增值能力的单位产品附加值。上游度指数更多地反映了不同生产环节的物理位置,无法解释上游度与生产链的控制及其增值能力之间的关系,"微笑曲线"中增值能力的相关信息在上述指标中也没有得到体现③。

在实际应用中,这两种指标在价值链地位的测算中也得到了一些与事实不符的结论。例如,俄罗斯和巴西的价值链位置指数高于美国和日本,中国和印度的价值链位置指数也高于德国、意大利和法国④。针对35个经济体17年的产业上游度指数测算结果表明,日本和中国处于全球价值链上游,而印度比美国更接近全球价值链下游,上游度指数高低与各国全球价值链位置指数也没有必然联系⑤。

于是,现有文献又从产品和技术复杂度视角来研究国家在全球价

---

① Koopman, Robert et al., *Give Credit Where Credit Is Due: Tracing Value Added in Global Production Chains*, No. w16426, National Bureau of Economic Research, 2010.

② Antràs, Pol et al., "Measuring the Upstreamness of Production and Trade Flows", *American Economic Review*, Vol. 102, No. 3, 2012.

③ 程大中:《中国参与全球价值链分工的程度及演变趋势——基于跨国投入—产出分析》,《经济研究》2015年第9期。

④ 王岚、李宏艳:《中国制造业融入全球价值链路径研究——嵌入位置和增值能力的视角》,《中国工业经济》2015年第2期。

⑤ 何祚宇、代谦:《上游度的再计算与全球价值链》,《中南财经政法大学学报》2016年第1期。

值链中的地位。技术复杂度最初由 Hausmann 等人[1]提出，后来学者们从不同理论视角对这一概念和测度方法进行了补充和完善，各种测度方法差异主要体现在各国人均 GDP 加权平均的权重方面，由此形成了基于市场份额的测度方法、基于显性比较优势指数的测度方法和基于相似程度的测度方法[2]。但是，这些方法无法测度品牌、营销等在国际生产链中的作用，特别是在产品内分工条件下，一国出口产品中也包含了其他国家的技术和中间品，这些测度方法往往高估出口国技术含量和在全球价值链中的地位。

事实上，在全球生产链上，影响全球价值链控制地位和租金获取的是企业的创新和创意能力。在全球生产网络中，具有控制地位的是领导厂商和高层级供应商。领导厂商控制了核心技术和战略性营销活动，在全球生产网络中居于主导地位。高层级供应商一般拥有自主性技术或知识产权，有的还建立了小型生产网络，它们大多从事了诸如研发设计、品牌销售等高附加值环节的生产，在全球生产网络中的地位稍次于领导厂商。领导厂商和高层级供应商凭借在全球生产网络中的地位优势获得了品牌租金、关系租金和组织租金等。

本章从全球生产链控制所依赖的创新和创意产品视角，研究对外投资对发展中国家在全球价值链中地位提升的作用。具体来说，本章主要研究对外直接投资引致的外国制度环境对本国创新和创意能力的影响，以及本国制度环境改进对创新和创意能力提升的影响。

---

[1] Hausmann, Ricardo and Dani Rodrik, "Economic Development as Self-Discovery", *Journal of Development Economics*, Vol. 72, No. 2, 2003.

[2] 陈晓华、沈成燕：《出口技术复杂度研究回顾与评述》，《浙江理工大学学报》（社会科学版）2015 年第 5 期。

◇ 第二节　模型设定

从创新和创意的制度依赖角度来说，对外直接投资可以通过在母国与东道国之间建立国际经济联系推动母国制度改革，进而影响母国的创新和创意能力，而且还作为东道国制度环境媒介促进母国技术创新和创意能力。基于上述考虑，对外直接投资影响国内价值链升级的计量模型设定如下：

$$Y_{it} = a_i + \sum_{m=1}^{5} \beta_m (z_{itm} \times q_{itm}) + \beta_6 \frac{ofdi_{ijt}}{GDP_{jt}} \sum_{j=1}^{n} (z_{jtm} \times q_{jt}) + \beta_7 X_{i7} + \varepsilon_{it}$$

其中，Y_{it} 是国家 i 在 t 年的创新和创意能力；z_{itm} 是影响创新和创意能力的因素，包括资产专用性、全球生产链上契约不完全性、科研人力资本、商品市场规模、可用的技术（含中间品进口和利用外资的技术外溢）、基础设施等；z_{jtm} 是东道国的上述创新和创意能力影响因素。与以往同类研究不同的是，由于创新和创意相关投入不只是固定资本，本章在对外国创新和创意投资项目加权的权重采用母国对东道国直接投资在东道国 GDP 中所占的比例 $\frac{ofdi_{ijt}}{GDP_{jt}}$。

鉴于全球生产的复杂性，在上述计量模型中，解释变量数据大多由与其相关的子项目加权（或算术）平均得到。出于加权（或算术）平均需要，各数据在样本范围内被标准化到了 1—7，从 1 至 7 依次表示"最差""较差""差""一般""好""较好""最好"。如无特别说明，各数据均被标准化到 1—7。

具体来说，计量模型各项的含义及其数据计算方法如下：

z_{it1} 是资产专用性。本章采用研发支出在 GDP 中占比和营销差异性算术平均数表示。q_{it1}是与专用性投资保护相关的制度变量，本章从风险资本发展状况、金融市场效率和产权保护这三个指标的几何平均值度量。

z_{it2}是契约不完全性，又进一步细分为契约内容不完全和契约执行不完全。本章采用价值链长度和生产工艺复杂性这两个指标的算术平均数表示契约内容不完全，采用政府管制带来的负担、政府官员偏好和警察服务的可靠性等指标的算术平均数表示契约执行不完全。q_{it2}是促进不完全契约执行的制度变量，本章从对政府约束和社会资本这两个指标的算术平均值进行度量。

z_{it3}是科研人力资本。本章采用研究人员数量与高等教育培训这两个指标的几何平均数表示。q_{it3}是劳动力市场效率，主要从雇主与员工关系、工资弹性、税收对工作激励、工资与生产力、留住和吸引人才能力等方面进行衡量。

z_{it4}是市场规模。本章从 GDP 和进口这两个方面衡量市场规模。q_{it4}是商品市场效率，主要从市场竞争程度、关税和非关税壁垒、规则对利用外资的影响、消费者挑剔程度等方面进行衡量。

z_{it5}是技术吸收。本章从最新技术可获得性、利用外资、中间品进口等方面进行衡量。q_{it5}是创新联系，主要从科研院所质量、大学与产业合作两个方面度量。

$\dfrac{ofdi_{ijt}}{GDP_{jt}}\sum_{j=1}^{n}(z_{jtm}\times q_{jt})$是东道国科研影响因素通过母国对外直接投资对母国创新和创意能力的影响。

X_{i7}是控制变量，主要考察基础设施对国家创新和创意能力的影响。

为了研究母国制度变量和以对外直接投资为媒介的东道国制度变

量对母国创新和创意能力的影响,我们引入相关制度变量。其中:X1—X7_a 的定义如下①:

X1 = 专用性投资 × 专用性投资保护

X2 = 不完全契约 × 不完全契约执行

X3 = 人力资本 × 劳动力市场效率

X4 = 市场规模 × 商品市场效率

X5 = 技术吸收 × 创新联系

X6 = 基础设施

X7_a = 东道国上述因素(权重为:母国对东道国直接投资与东道国 GDP 比重的标准化)

第三节 模型选择和结果分析

作为全球生产网络中的"世界工厂"和"世界办公室",中国和印度是最具有代表性的两个发展中国家。本章运用中国和印度两个国家 2007—2017 年创新和创新能力影响因素数据,以及对外直接投资国别分布数据,利用上述计量模型进行实证分析。

一 模型选择

对于面板数据而言,从截面角度来说可能存在个体效应和异方差,从时间序列角度来说可能具有时间效应或自相关性。下面我

---

① 这些指标数据主要来自课题调研、2007—2017 年《全球竞争力指数》和《世界发展指数》。

们就从这几个方面对面板数据进行检验，以选择合适的计量分析模型。

1. 个体效应

虽然中国和印度都是深度融入全球生产网络的发展中国家，但二者也有一些差异，我们通过固定效应模型来考察中国和印度个体效应是否显著。对于固定效应模型而言，组内 R-sq（R-sq: within）才是真正意义上的拟合优度，第一个 F 统计量用来检验除常数项以外所有解释变量的联合显著性，第二个 F 统计量用来检验个体效应是否显著，rho 是个体效应在总方差中的占比。统计结果显示，无论考虑制度影响和不考虑制度影响的固定效应模型的组内拟合优度都接近 0.9；第一个 F 统计量表明，除常数项以外的所有解释变量都非常显著（Prob>F=0.00）；第二个 F 统计量则表明考虑制度影响和不考虑制度影响个体效应分别在 10% 和 5% 水平上显著，其对应的概率分别为 0.023 和 0.052，个体效应在总方差中的占比 rho 也进一步印证了上述结论。从以上指标来看，固定效应模型优于混合 OLS 模型（见表 7—1）。

表 7—1　　　　　　　　个体效应检验

主要指标	不考虑制度影响	考虑制度影响
R-sq（组内）	0.868	0.939
F 检验（变量显著性）	19.77（Prob>F=0.00）	28.76（Prob>F=0.00）
rho	0.946	0.892
F 检验（个体效应）	6.360（Prob>F=0.023）	4.57（Prob>F=0.052）

资料来源：笔者根据 Stata 输出结果自绘。

2. 时间效应

接下来我们运用 LM 统计量进行时间效应检验，以确定采用随机效应模型还是混合 OLS 模型。统计结果显示，无论是否考虑制度影响，LM 检验得到的 P 值均为 1，说明随机效应非常不显著。可见，混合 OLS 模型优于随机效应模型（见表 7—2）。

表 7—2　　　　　　　　　时间效应检验

主要指标	不考虑制度影响	考虑制度影响
被解释变量方差	4.413	4.413
残差方差	0.289	0.149
LM 检验	0（Prob > chibar2 = 1）	0（Prob > chibar2 = 1）

资料来源：笔者根据 Stata 输出结果自绘。

3. 异方差

由于固定效应模型优于混合效应模型，混合效应模型优于随机效应模型，固定效应模型是最优选择。因此，下面我们主要对固定效应模型进行异方差检验。修正的 Wald 检验结果表明，在考虑和不考虑制度影响时对应的 P 值分别为 0.932 和 0.990，表明接受原假设（同方差），不存在组间异方差。

4. 相关性

同样地，由于固定效应模型是最优选择，我们主要对固定效应模型进行序列相关性检验。Wooldridge 检验对应的 P 值分别为 0.033 和 0.099，分别在 5% 和 10% 水平上显著，表明拒绝原假设，存在一阶自相关（见表 7—3）。

表 7—3　　　　　　　　　　异方差和相关性检验

主要指标	不考虑制度影响	考虑制度影响
异方差（Wald）	Prob > chi2 = 0.932	Prob > chi2 = 0.99
序列相关（Wooldridge）	Prob > F = 0.033	Prob > F = 0.099

资料来源：笔者根据 Stata 输出结果自绘。

基于上述检验结果，我们选择具有一阶自相关的固定效应模型，研究对外直接投资对中国价值链升级的影响。

二　结果分析

基于中国和印度相关数据，我们运用一阶自相关的固定效应模型，就对外直接投资对价值链升级的影响进行了计量分析。作为参照系，我们首先估计不考虑制度环境影响的固定效应模型。统计结果表明，R – sq（within）为 0.9441，表明模型拟合度较高；上面 F 统计量表明除常数项外其他变量联合显著；下面 F 统计量显然拒绝了两个截面个体效应相同的假设。就单个变量而言，只有资产专用性投资和市场规模在 5% 水平上显著，其他变量均不显著（见表 7—4）。

表 7—4　　对外直接投资对创新和创意能力的影响（不考虑制度）

R – sq: within = 0.9441　　　　　　　　　　　　　　F（7, 11）= 26.56
　　　　 between = 1.0000　　　　　　　　　　　　　　Prob > F = 0.0000
　　　　 overall = 0.9002

Inno_s	Coef	Std. Err.	t	P>|t|	95% Conf. Interval	
专用性投资	2.5044	0.7626	3.28	0.007	0.8259	4.1829
不完全契约	-0.7257	0.4097	-1.77	0.104	-1.6275	0.1762

续表

Inno_s	Coef	Std. Err.	t	P>|t|	95% Conf. Interval	
人力资本	-1.3090	1.1279	-1.16	0.270	-3.7916	1.1736
市场规模	4.5812	1.0346	4.43	0.001	2.3039	6.8584
技术吸收	1.3560	0.9780	1.39	0.193	-0.7966	3.5087
基础设施	-0.5068	0.5854	-0.87	0.405	-1.7953	0.7818
东道国因素	0.7959	0.5349	1.49	0.165	-0.3814	1.9732
_cons	-29.0393	7.6087	-3.82	0.003	-45.7860	-12.2926
sigma_u: 3.2245		rho_ar: -0.4071		F test that allu_i=0: F (1, 11) =12.16		
sigma_e: 0.5080		rho_fov: 0.9758		Prob > F = 0.0051		

资料来源：笔者根据 Stata 输出结果自绘。

下面我们在考虑制度影响的情况下，进一步研究对外直接投资对价值链升级的影响。统计结果表明，R-sq（within）为 0.9835，略高于没有考虑制度因素时的 0.9441，表明在模型拟合度很高的基础上又略有改进；上面 F 统计量表明除常数项外其他变量也更显著，下面 F 统计量也显然拒绝了两个截面个体效应相同的假设。在单个变量方面，X1—X5 均在 1% 水平上显著，X6 和 X7_a 在 5% 水平上显著。显然，对外直接投资通过制度效应显著地影响了母国创新和创意能力（见表 7—5）。

表 7—5　　对外直接投资对创新和创意能力的影响（考虑制度）

R-sq: within = 0.9835　　　　　　　　　　　F (7, 11) =93.89
between = 1.0000　　　　　　　　　　　　　Prob > F = 0.0000
overall = 0.8879

Inno_s	Coef	Std. Err.	t	P>|t|	95% Conf. Interval	
x1	0.4344	0.0414	10.48	0.000	0.3432	0.5256
X2	-0.2529	0.0741	-3.41	0.006	-0.4160	-0.0899
X3	-0.3767	0.0526	-7.16	0.000	-0.4926	-0.2608

续表

Inno_s	Coef	Std. Err.	t	P>|t|	95% Conf. Interval	
X4	-0.3691	0.0516	-7.15	0.000	-0.4827	-0.2554
X5	0.6455	0.0573	11.26	0.000	0.5193	0.7717
X6	0.7942	0.2663	2.98	0.012	0.2081	1.3804
x7_a	0.7945	0.3161	2.51	0.029	0.0987	1.4903
_cons	0.0317	1.6123	0.02	0.985	-3.5170	3.5805
sigma_u: 1.0983		rho_ar: -0.4806		F test that allu_i=0: $F(1, 11) = 8.48$		
sigma_e: 0.2900		rho_fov: 0.9348		Prob > F = 0.0141		

资料来源：笔者根据 Stata 输出结果自绘。

就各个具体变量而言，专用性投资和技术吸收相关制度改进对母国创新和创意能力提升有显著的促进作用。这一结果表明，有利于降低资产专用性投资融资风险和加强专用性资产保护的制度，以及中间品进口和外资的技术溢出效应将会促进母国创新和创意能力提升。

不完全契约、科研人力资本和商品市场规模相关制度环境改进却不利于母国创新和创意能力提升。可能的原因是，由于中国和印度是发展中国家，对发达国家的模仿是其提升创新和创意能力的重要途径之一，不完全契约执行相关制度的完善将抑制这些国家的创新和创意模仿；相对于发达国家而言，关税和非关税壁垒的下降，以及更有利于外商投资的环境，将吸引更多外资进入，从而可能对中国本土企业和商品产生挤出效应，不利于中国的创新和创意能力提升。

当然，实证分析还有进一步研究的空间。例如，为什么母国劳动力市场效率提升却不利于创新和创意能力提升？自 2003 年中国对外直接投资以来，中国对外投资政策有了较大的改革，已从审批制向备案制转变，从准入后国民待遇向准入前民国民待遇转变，但印度相关政策改革缓慢，如何更加精确地测度制度转变并考虑这些制度变迁对创新和创意能力的影响，将是未来进一步研究的方向。

第八章

国际经济规则重塑与制度型开放路径选择

如前所述,在全球生产网络中,制度环境是比较优势的重要来源之一,与高附加值生产环节相匹配的制度环境是全球价值链升级的重要保证。本章以经济基础与上层建筑之间的关系为切入点,从国际生产方式变革的制度需求与供给视角,构建国际贸易投资规则重塑的理论分析框架,为中国制度型开放提供理论指导。

◇ 第一节 制度型开放面临的问题

随着经济全球化程度不断加深,WTO 在全球性规则制定方面的局限性日益显现。由于国际投资的复杂性及其隐藏于其中的各种利益冲突,"二战"后国际社会在双边、多边和区域层次上签署了一系列与国际投资相关的协议,但迄今为止国际社会尚未真正确立一个全球统一的多边投资公约。因此,在"二战"后的大半个世纪里,WTO 主导了全球经济规则的制定和执行进程。由于 WTO 更多地关注关税减让、农产品补贴等传统贸易问题,再加上多极化的治理结构,竞争中性、产业补贴、政府采购透明度等可能影响公平与竞争的政策无法在现有 WTO 框架下得到有效的解决①。

最近几年来,以美国为首的发达国家以区域或双边贸易投资协议为平台,重塑国际经济规则。自 2017 年 12 月以来,美国、欧盟和日本先后七次发表联合声明,提出要确保市场导向和公平竞争,以发起新一轮产业补贴和国有企业规则谈判,拉开了 WTO 现代化改革序幕,但这一改革依旧举步维艰。于是,以美国为首的发达国家选择了区域或双边贸易投资协议来重塑国际经济规则。在发达国家所签署的区域或双边贸易投资协议中,最具有代表性的是《全面进步的跨太平洋伙伴关系协议》(CPTPP)、《美墨加协议》(USMCA)、《美韩自由贸易协议》修订版(KORUS)、《欧盟—日本伙伴关系协议》(EJEPA)、《欧盟—加拿大全面伙伴关系协议》(CETA)以及《2012 年美国双边投资协议范本》(BITs)等。

与此同时,中国也积极推动制度型开放。2020 年 5 月,中共中央、国务院发布的《关于新时代加快完善社会主义市场经济体制的意见》指出:"坚持扩大高水平开放和深化市场化改革互促共进。坚定不移扩大开放,推动由商品和要素流动型开放向规则等制度型开放转变,吸收借鉴国际成熟市场经济制度经验和人类文明有益成果,加快国内制度规则与国际接轨,以高水平开放促进深层次市场化改革。"②相关文献研究表明,制度型开放有利于创造公平竞争的市场环境,有助于进一步释放中国经济增长潜力③。

---

① 东艳:《全球贸易规则的发展趋势与中国的机遇》,《国际经济评论》2014 年第 1 期。

② 中共中央、国务院:《关于新时代加快完善社会主义市场经济体制的意见》,http://www.gov.cn/zhengce/2020-05/18/content_5512696.htm,访问时间:2020 年 6 月 9 日。

③ 戴翔:《制度型开放:中国新一轮高水平开放的理论逻辑与实现路径》,《国际贸易》2019 年第 3 期;东艳:《制度摩擦、协调与制度型开放》,《华南师范大学学报》(社会科学版)2019 年第 2 期。

在制度型开放过程中，自由贸易试验区承担着国际经济规则先行先试的重任。在 2018 年 10 月，习近平总书记提出把自由贸易试验区建设成为新时代改革开放的新高地，强调面向未来，在深入总结评估的基础上，继续解放思想、积极探索，加强统筹谋划和改革创新，不断提高自由贸易试验区发展水平，形成更多可复制、可推广的制度创新成果，为实现"两个一百年"奋斗目标、实现中华民族伟大复兴的中国梦贡献更大力量。李克强总理指出，坚持新发展理念，更大力度推动自贸试验区改革开放创新，着眼解决深层次矛盾和结构性问题，强化改革统筹谋划和系统集成，继续狠抓制度创新，加快形成发展和竞争新优势，积累更多可在更大范围乃至全国复制推广的经验，进一步发挥改革开放"排头兵"的示范引领作用。[①]

虽然制度型开放是中国下一阶段开放的主旋律，但把发达国家倡导的贸易投资新规则作为自由贸易试验区先行先试的目标是否合适？作为国家新一轮改革开放的新高地，自由贸易试验区如何通过制度创新引领和推动全方位对外开放新格局呢？这是学界和政界急需深入研究的重要现实问题。

作为一种制度安排，发达国家所倡导的高标准国际贸易投资规则是否就是中国制度型开放的方向？"共生论"观点认为，在国际体系改革过程中，包容式改进比"另起炉灶"改进更有助于国际体系在有序的轨道上运行；中国并不对抗现有国际体系中的通用规则，而是通过不断学习适应这些规则，并在适应规则中改

[①] 新华社：《习近平对自由贸易试验区建设作出重要指示》，http：//www.gov.cn/xinwen/2018 - 10/24/content_5334153.htm#1，访问时间：2020 年 6 月 9 日。

善规则。①从理论上讲，中国实行的是社会主义市场经济体制，发达国家所倡导的促进市场公平与竞争的高标准贸易投资规则具有借鉴价值，短期来看全球经济规则重塑可能会为中国带来制度压力，但从长期来看，某些新规则对中国是有利的。②从40年改革开放实践看，在要素和商品开放型阶段，中国尊重并利用现行国际经济规则，对外贸易和投资成就斐然。③

与"共生论"观点略为不同的是，中国应在全球贸易治理中采取更加主动的态度，制定反映发展中国家利益的中国版国际贸易新规则。中国版国际贸易新规则既不是传统的贸易规则，也不是美欧推出的高标准规则。该版本的特点是平衡发展中国家与发达国家的利益诉求；体现全球价值链贸易特点，但区别于美国所提出的高标准协议；体现区域一体化深化趋势，纳入边境内规则以及环境、劳工等新规则；需要纳入更多的发展议题。④事实上，最近几年发达国家主导的区域贸易协议与中国版国际贸易新规则日益趋近，在坚持高标准的同时，也增加了发展中国家合作与能力建设、中小企业等章节。但是，无论是"共生论"观点，还是中国版国际贸易新规则都回避了一个问题：应当以什么标准来衡量国际贸易和投资规则的合理性？

理解国际贸易投资规则重塑的合理性问题，需要考察这些规则重

---

① 苏长和：《共生型国际体系的可能——在一个多极世界中如何构建新型大国关系》，《世界经济与政治》2013年第9期。

② 车丕照：《是"逆全球化"还是在重塑全球规则?》，《政法论丛》2019年第1期。

③ 戴翔：《制度型开放：中国新一轮高水平开放的理论逻辑与实现路径》，《国际贸易》2019年第3期。

④ 东艳：《制度摩擦、协调与制度型开放》，《华南师范大学学报》（社会科学版）2019年第2期。

塑背后的动因。现有文献主要从微观、宏观和国际政治经济学视角进行了分析。从微观角度来说，全球价值链使国家间联系更加紧密，不同生产环节之间无缝对接要求各国市场规则统一和标准兼容，这些促使国际贸易规则从边境规则向边境内规则扩展；从宏观角度来说，2008年国际金融危机导致了美国经济低增长率和高失业率，美国国内制造业回归、增加本地就业和提升企业竞争力的呼声日高，同时环保和劳工组织也敦促政府在国际组织、区域一体化协议等层面推动更严格的规则来保护环境和劳工权益；从政治经济学角度来说，后危机时代世界经济格局变化引发了国家间关系调整和贸易保护主义抬头，发达国家倡导新规则构建和国家间监管标准协调。这三方面动因不但促使传统规则深化和整合，而且还推动了深度一体化新标准以及一些横向议题谈判[1]。上述文献把全球价值链贸易对传统贸易规则的挑战作为切入点分析国际贸易投资规则重塑，这是一个比较客观的研究视角，但缺少一个理论分析框架，对相关机制的分析还不够深入，而且也没有回答美国出于保护主义和国家间关系调整所引致的规则调整是否也值得中国借鉴和学习。

在制度型开放先行先试的举措方面，现有文献认为只有构建高标准、高质量的贸易投资规则，以及与之相适应的政府管理模式和营商环境，才能不断提升中国经济在世界经济体系中的地位[2]；认识到了中国在竞争中立与国有企业、知识产权保护、环境和劳工保护等方面

---

[1] 戴翔：《制度型开放：中国新一轮高水平开放的理论逻辑与实现路径》，《国际贸易》2019年第3期；东艳：《制度摩擦、协调与制度型开放》，《华南师范大学学报》（社会科学版）2019年第2期。

[2] 张婷婷、李政：《国际贸易发展与更高水平开放型经济新体制的构建》，《河南社会科学》2020年第2期。

改革的必要性，并提出加快并以更大力度实施"负面清单"制度，进一步优化营商环境等路径选择①。但是，这些文献鲜有提及国际贸易投资规则先行先试的具体措施，政策执行更多地依赖于"以开放促进改革"的倒逼机制。

在现有价值链贸易文献基础上，本章以经济基础与上层建筑之间关系为切入点，从国际生产方式变革引致的制度需求与供给角度进一步研究了国际贸易投资规则重塑的理论基础，并探讨了未来贸易投资规则进一步发展的方向。在制度需求层面，全球生产网络的技术特征、组织特征、社会属性及其治理结构需要相应的制度安排；在制度供给层面，当前发达国家在双边或区域层面签署了一系列国际贸易投资协议，中国已在自由贸易试验区先行先试"准入前国民待遇＋负面清单"基础上，在全国范围内推进政府管理模式创新。

与国际贸易投资规则"共生论"观点和中国版国际贸易新规则不同，本章认为国际贸易投资规则重塑过程是国际生产方式变革引致的制度需求与贸易投资规则供给匹配的过程，无论是发达国家倡导的高标准贸易投资规则，还是发展中国家倡导的中国版国际贸易新规则，都应与国际生产方式变革引致的制度需求相适应，与制度需求不匹配的贸易投资规则可能会被取消或变更，未被满足的制度需求也提供了下一步贸易投资规则重塑的空间。

与现有文献从贸易保护主义和大国关系调整角度分析国际经济规则重塑不同，本章强调从经济基础与上层建筑之间的关系审视新一轮国际经济规则调整。作为上层建筑的一部分，国际贸易投资规则应当

---

① 戴翔：《制度型开放：中国新一轮高水平开放的理论逻辑与实现路径》，《国际贸易》2019年第3期；东艳：《制度摩擦、协调与制度型开放》，《华南师范大学学报》（社会科学版）2019年第2期。

与国际生产方式相适应；无论出于何种动因制定的国际贸易投资规则，只要反映了生产力发展和生产方式变革要求的规则，都应当成为自由贸易试验区先行先试的政策目标。此外，与现有文献从宏观层面论述制度型开放路径选择不同，本章不但从制度变迁角度探讨了可供自由贸易试验区先行先试的贸易投资规则，而且提出了具体实施方案，具有较强的可执行性。

◇第二节 国际经济规则重塑的理论基础

发达国家所倡导的国际贸易投资新规则是否就是下一阶段中国制度型开放的方向呢？我们从国际生产方式变革的制度需求与供给视角，构建国际贸易投资规则重塑的理论分析框架，为中国制度型开放提供理论依据。

一 全球生产网络的制度需求

国际生产方式变革迫切要求政府转变国际贸易和投资管理模式。在传统的国际生产和政府管理模式下，内政和外交各司其职。然而，在产品内分工条件下，复杂的国际生产联系跨越了国界，国有企业成为全球生产网络的参与者，国内事务管理也成为全球生产链管理的一部分。反之，全球生产链上其他国家或企业的行为也可能影响到本国利益。此外，作为全球生产网络的重要参与者和权力主体之一，各国政府也面临着全球生产链的社会责任、民族国家与全球生产网络的关系等一系列共性问题。

准入前歧视性待遇的不利影响可能通过国际生产联系被进一步放大。在以往的国际投资协议中，东道国通常会承诺在运营阶段给予外国投资者及其投资国民待遇，即准入后国民待遇，而在准入前的投资设立和扩大阶段，大部分国家则保持谨慎态度。但是，在全球生产链上，产品内分工已经跨越了边境，准入前歧视性待遇不但影响了该环节贸易投资市场准入，而且还通过全球生产链的前向和后向联系将这一不利影响传递到母国或第三国其他生产环节。此外，各生产环节进行了不同程度的资产专用性投资，知识中间产品面临的契约摩擦再次暴露出来，准入前歧视性待遇可能使跨国公司面临着知识中间产品内部化失灵和所有权优势丧失的风险[1]。

政府和仲裁机构契约执行不完全成为全球生产链交易成本的重要来源。"盖天下之事，不难于立法，而难于法之必行。"[2] 如上所述，全球生产链上充满了契约摩擦，这种不完全契约既存在于不同生产环节企业之间，也存在于企业与东道国政府之间，贸易投资协议条款内容不完全，以及政策执行标准不一致，都将增加全球生产网络的交易成本，甚至影响全球生产网络的稳定运行。此外，国际投资争端解决机制的执行也是不完全的。例如，国际投资仲裁实践中可能存在仲裁员缺少独立性、准据法选择不当、裁决结果相互冲突、仲裁效率低下、仲裁费用高昂、忽视东道国公共利益、专业律师操纵、外国投资者滥用最惠国待遇、仲裁庭对公平与公正待遇做出扩大解释等问题。

---

[1] 李国学：《贸易战的理论逻辑及其应对：全球生产网络视角》，《学海》2019年第5期。

[2] "盖天下之事，不难于立法，而难于法之必行"出自明代张居正的《请稽查章奏随事考成以修实政疏》。这句话的意思是说，天下事情困难之处不在于制定法令，而在于让法令切实地得到贯彻执行，法规制度的生命力在于执行。

国有企业的特殊地位使全球生产网络治理更加复杂。在传统生产方式下，国有企业主要在国内生产和提供公共产品和服务，进出口贸易主要通过 WTO 规则加以规范和约束。然而，在产品内分工条件下，国有企业也成为全球生产网络的重要参与者。在国有企业享受了财政补贴、隐形担保等非商业援助①的情况下，如何确保不同所有制企业之间"竞争中性"？与全球生产链上非国有（集体）企业之间的商业契约关系不同，国有（集体）企业与其他所有制企业之间的契约性质由商业契约转变为行政契约。在这种情况下，如何解决国有（集体）企业与非国有（集体）企业之间的贸易或投资争端？

参与国的制度和能力状况影响着全球生产链的生产力水平。与传统企业不同，全球生产链关注的重点不是劳动、资本等要素投入，而是不同中间产品之间的排列组合。全球生产链序列性要求进一步推进贸易投资便利化，互补和超模特征也使国际社会不得不重视网络参与国家和企业的制度和能力建设。特别是发展中国家制度环境、教育和科技发展状况，以及中小企业在清关、知识产权保护和抵御外部风险方面的能力，不但影响到自身所在生产阶段契约执行情况和中间产品质量，而且还将影响到整条生产链的生产力水平和最终品质量②。

民族国家的国家安全和可持续发展也面临前所未有的挑战。在全球生产网络中，信息技术和模块化的广泛应用推动了国际生产方式变革，但也引起了与此相关的国家安全问题。在全球生产网络中，除了

---

① "非商业援助"指"因国有企业的政府所有权或控制权而给予的援助"，具体而言，"援助"指资金的直接转移、潜在的资金或债务的直接转移，或以比市场可获得的更优惠的条件给予该企业的货物或服务。

② 李国学、毛艳华：《跨境制度匹配与产业结构升级——发展中国家对外直接投资的一个理论解释》，《中央财经大学学报》2015 年第 6 期。

传统的大规模跨境套利、套汇等影响金融机构和支付结算系统安全和稳定以外,外资企业对能源、电信、金融、运输、水务等关键性基础设施跨境并购可能危及人民生活;某些关键技术、关键原件、关键项目、敏感地点也可能通过复杂的国际生产联系影响到国防安全;外资对东道国生产链中龙头企业的"斩首行动",可能会危及整个产业安全;信息无国界流动也使知识和信息密集生产环节安全问题更加突出。此外,环境和劳工权益保护是实现国家经济可持续发展的重要手段,也是企业社会责任的重要内容。作为介于企业与市场之间的一种国际生产组织形式,全球生产网络如何履行其社会责任呢?

二 国际社会的制度供给

WTO 在全球性规则制定方面日益力不从心。在产品内分工条件下,全球生产网络的技术和组织特征、社会属性及其多元化治理结构要求与之相适应的国际贸易投资规则。但是,WTO 主导的国际经济规则仍然是边境开放措施,主要局限于关税、配额、许可证、准入后国民待遇,以及与贸易相关的投资和知识产权政策等。在决策机制方面,WTO 采取了"一个成员国,一个投票权"的协商一致的决策原则,再加上发展中国家与发达国家在经济利益、价值观念等方面的差异和冲突,与全球生产网络相关的贸易投资政策,即所谓的新加坡议题没有被纳入多边贸易谈判①。

WTO 现代化改革依然举步维艰。由于 WTO 体制和机制在国际经济规则重塑方面的不足,欧盟、美国和日本积极倡导 WTO 现代化改

---

① 东艳:《全球贸易规则的发展趋势与中国的机遇》,《国际经济评论》2014 年第 1 期。

革。在 2017 年 12 月至 2020 年 1 月,三方部长召开七次会议,发布了"关于市场导向条件的联合声明"和"欧盟—日本—美国制定更严格产业补贴规则的基础界定文件"。在 2019 年 5 月,三方联合声明声称,将尽快完成产业补贴新规则制定工作,并吸纳其他 WTO 主要成员国加入,以发起新一轮产业补贴和国有企业规则谈判。但是,从目前看来,WTO 现代化改革依旧困难重重,而且进展十分缓慢。

区域经济合作成为国际经济规则重塑的平台。在降低交易成本方面,通过以产业集群为载体的区域经济合作,跨国公司子公司与当地合作伙伴不但可以降低频繁送货的运输成本和货物检验成本,而且各方原有价值观念在产业区内碰撞、融合的过程中形成了共享的价值观念,在相互信任的基础上建立较为稳定的联系机制,从而促使生产网络内部逐渐从短期交易发展为长期合作,事实上形成了一种关系契约。在关系契约治理下,机会主义倾向减少了,资产专用性投资被"锁定"的风险降低了[1]。在规则制定方面,随着区域(双边)共享价值观念和中间品交易成本下降,相关条款更容易被成员国接受,而且双边或区域经济合作成员国数目相对较少,即使在某些条款上存在分歧,磋商和协调也相对容易。在国际贸易投资协议执行过程中,社会资本相对集中,运用结构性权力促进不完全契约履行也相对容易[2]。

在这种情况下,以美国为首的发达国家从 WTO 框架下国际经济规则谈判转向了区域或双边贸易投资协议谈判。区域贸易投资协议主要涉及北美内部、跨太平洋和跨大西洋区域,分别是《美墨加协议》(USMCA)、《跨太平洋伙伴关系协议》(TPP)和《跨大西洋贸易与

---

[1] 李国学、何帆:《全球生产网络的性质》,《财经问题研究》2008 年第 9 期。
[2] 李国学:《不完全契约、国家权力与对外直接投资保护》,《世界经济与政治》2018 年第 7 期。

投资伙伴关系协议》（TTIP）。其中，USMCA 是北美自贸协议的更新版，TPP 随着美国退出而演变为日本主导的《全面与进步跨太平洋伙伴关系协定》（CPTPP）。双边贸易投资协议主要有《欧盟—加拿大伙伴关系协议》（CETA）、《欧盟—日本伙伴关系协议》（EJEPA）和《美韩自由贸易协议》（KORUS）等。通过变更原有条款或设立新条款，美欧所倡导的新议题在这些贸易投资协议中得到了不同程度地体现。

作为世界上最大的发展中国家，中国也以更加开放的姿态积极参与国际贸易投资规则重塑。在 2008 和 2013 年，中国也分别正式启动了中美双边投资协议和中欧双边投资协议谈判，尤其是在 2013 年第五轮中美战略与经济对话中，中美双方同意以准入前国民待遇和负面清单为基础开展实质性谈判。尽管中美、中欧双边投资协议谈判历经坎坷，但中国制度型开放步伐并没有停止，甚至在最近几年还加快了脚步。习近平总书记在 2014 年强调，牢牢把握国际通行规则，大胆闯、大胆试、自主改，尽快形成一批可复制、可推广的新制度，加快在促进投资贸易便利、监管高效便捷、法制环境规范等方面先试出首批管用、有效的成果①，在 2020 年又进一步提出推动由商品和要素流动型开放向规则等制度型开放转变，吸收借鉴国际成熟市场经济制度经验和人类文明有益成果，加快国内制度规则与国际接轨，以高水平开放促进深层次市场化改革。②

在制度型开放过程中，自由贸易试验区承担着国际经济规则先行

---

① 习近平：《推进上海自贸区建设　加强和创新特大城市社会治理》，http://cpc.people.com.cn/n/2014/0306/c64094-24541425.html，访问时间：2020 年 6 月 9 日。

② 中共中央、国务院：《关于新时代加快完善社会主义市场经济体制的意见》，http://www.gov.cn/zhengce/2020-05/18/content_5512696.htm，访问时间：2020 年 6 月 9 日。

先试的重任。自 2013 年上海自由贸易试验区作为第一个试点以来，中国已分五批次成立 18 个自贸区，北至黑龙江，西至云南、四川，南至海南岛，东部省份和直辖市几乎都设立了自贸区，多维度覆盖全国。自 2013 年上海自由贸易试验区首次探索"准入前国民待遇 + 负面清单"外资管理模式以来，中国目前已在全国范围内推行市场准入负面清单制度，而且列入负面清单的项目逐年减少，2019 年版《自由贸易试验区外商投资准入特别管理措施（负面清单）》条目已减至 37 项。

需要说明的是，当前经济全球化受阻、区域化提速是一个不争的事实，但正如生产与生产关系是对立统一的，全球化与区域化也是对立统一的。从契约理论来说，经济全球化需要一系列契约保障国际劳动分工以及要素和商品流动顺利进行。然而，在全球生产链上，资产专用性投资风险再次暴露出来，中间品不完全契约程度更高，传统贸易投资规则已无法完全适应全球生产网络发展的需要。如果未来技术发展、高标准贸易投资规则在多边体制框架下得以确立，或通过其他途径克服了全球生产网络中存在的那些问题，那么经济全球化依然会在曲折中前行。

◇ 第三节 制度型开放的具体措施

在新一轮国际经济规则重塑中，我国应按照习近平总书记所提出的"投资贸易便利、监管高效便捷、法制环境规范"[1] 要求，制定出

---

[1] 习近平：《推进上海自贸区建设 加强和创新特大城市社会治理》，http://cpc.people.com.cn/n/2014/0306/c64094-24541425.html。

更加适合全球生产网络稳定运行、有利于我国全球价值链地位提升的政策措施。

一 创新政府管理模式，营造公平的竞争环境

由于全球生产网络是一种介于跨国公司与国际市场之间的生产组织形式，政府行为既可能影响到传统的市场和企业，也可能会影响到全球生产链运行。我国应创新政府管理模式，完善行政垄断查处机制，推进国有企业改革，创造出公平竞争的市场环境。

进一步完善"准入前国民待遇+负面清单"管理模式。首先，在给予国际投资者公平和公正待遇的同时，我国还应拒绝外资"超国民待遇"的不当要求。在国际投资协议条款中，我国可以考虑接纳国际最低待遇标准，给予外资企业国际通行的非歧视性待遇，但也要限制仲裁庭对公平与公正待遇做出扩大解释，抵制外资滥用最惠国待遇，实现内外资企业真正的平等。其次，在完善准入后监管和执法的同时，我国还应进一步精简负面清单。例如，农、林、牧、渔业类别下的改良动植物物种、动物饲养、屠宰和经营等可以从2019年版负面清单中移除，但要求不论内资还是外资的转基因研究、试验和应用，以及对生态系统的影响等都应合乎法律、道德和伦理要求；房地产业以及制造业领域中的食品生产和销售、化妆品的生产经营、医疗器械或保健用品的生产与进口、道路机动车辆生产等也可以从负面清单中剔除。最后，在精简负面清单的同时，我国还应利用未来不符措施防控风险。我国可以借鉴美国在CPTPP和USMCA中不符措施的相关做法，针对目前基础较差，但发展空间较大的新兴产业或敏感产业，或者可能反复进入或退出负面清单的产业，保留制定未来不符措施的权

利。例如，大数据、人工智能、数字经济等可以在未来不符措施中单独列出。需要注意的是，如果农业、林业、畜牧业和渔业在市场监管相关法规执行到位的情况下可能不会带来问题，如果转基因相关法规没有得到有效执行的话，就可能会面临较大风险。从风险防控角度来说，虽然转基因相关的产业不在负面清单中列出，但可以在未来的负面清单中列出。

进一步完善《反垄断法》和行政垄断查处机制。首先，建立一套区分"公共利益行为"和"市场化商业利益行为"的规则。通过集体豁免条例明确哪些国企行为、行政行为属于公共利益范畴，可以适用"公共利益抗辩"。在这方面，我国可以参考欧盟委员会2012年发布的《对提供普遍经济利益服务进行补偿的行为适用欧盟国家援助规则的通告》。其次，进一步完善行政垄断查处机制。由于《反垄断法》只赋予反垄断部门对行政垄断查处建议权，而查处权却划归涉案主体上级机关，这使行政垄断查处难以有效地执行。为了有效地遏制非公共利益动机的行政垄断，《反垄断法》应直接赋予反垄断部门对行政垄断的调查权和处罚权，对于反垄断部门认定的抽象行政垄断行为，反垄断执法部门可以直接宣布其无效。与此同时，各级政府部门应针对行政垄断问题展开专项文件清理工作；相关行政法规应对那些阻挠行政垄断查处的行为进行处罚；新闻媒体也要充分发挥社会监督功能，对涉案主体及其上级机关包庇行政垄断的行为形成舆论压力。

进一步改革和完善国有企业治理模式。第一，分类治理国有企业。从竞争程度方面考虑，国有企业可以区分为公益性国有垄断企业、适度经营性国有垄断企业和竞争性国有企业三种类型。对于适度经营性国有垄断企业和竞争性国有企业而言，它们是市场竞争主体，不应附带任何行政色彩。因此，政府应放松这类国有企业人事管辖权，废除高管行政级别待遇，不再委派大部分国有企业高管。第二，调整国有企业补贴政策。不以营利为目的的公益性国有垄断企业（如市政和邮政），可以享受政府公开透明的财政补偿；适度经营的自然垄断和部分资源垄断国有企业，包括以社会公共目标为主的国有企业（如电网、基础电信、自来水、燃气等），涉及国家安全的国有企业（如航空、航天）和事关国民经济命脉的国有企业（如稀缺资源和能源），一般不应享受政府补贴，且企业的红利和资源税等应该与其他企业按相同的比例和标准上缴；竞争性国有企业，应该与非国有企业（民企和外企）享有完全平等的待遇，不再享有任何额外补贴和利润返还。第三，提高财务透明度。国有企业应借鉴发达国家同类企业财务管理制度，健全并切实执行内部审计程序，按照国际标准接受年度独立外部审计，上市公司要按照国际标准披露相关信息，非上市公司要及时向社会公布自己的年度报告。第四，完善利益相关方参与机制。在国有企业内部应建立起与国际接轨的工会制度，董事会在企业决策时应征求债权人、供应商、客户和工会等利益相关者意见。第五，实施"正面清单"管理。"正面清单"包括垄断行业"正面清单"和政府采购"正面清单"。其中，垄断行业"正面清单"主要列出哪些属于公益性行业，哪些属于关系国家安全、国民经济命脉的重要行业和关键领域。在清单中的行业和领域，要坚持国有独资或国有控股。政府采购"正面清单"主要列出事关国家安全和国民经济命脉的产品，这些产品必须从国有企业采购。

进一步促进"正面清单"之外的国有企业、私营企业和外资企业公平竞争。对清单之外的产业，允许非国有资本自由进入，与国有企业开展公平竞争。在项目审批、工商管理、税务监督、财政监督、外汇管理、海关监管、审计监督等方面，政府要做到监管中立，对国有企业、私营企业和外资企业监管真正做到公开、公正、公平。投资设厂（土地资源获取等）、经营开发（研发补贴等）、税收（税收优惠）、信贷（政府担保）等各个环节的信息都要公开透明，接受社会监督。特别在贷款方面，政府还应取消国有企业银行贷款的隐性补贴和担保。在税收方面，政府不应该再给予转制期间国有企业税收优惠（契税和所得税优惠等）。但是，为了确保转制工作顺利实施，维护社会和谐和稳定，政府应进一步健全职工社会保险制度和失业救济制度。

二 加强监管一致性，降低国际生产交易成本

在全球生产网络中，政策执行效率和争端解决效率也是影响全球生产网络稳定运行的重要因素。为了降低全球生产网络的交易成本，我国应大力推行良好监管实践，积极探索科学、高效和费用较低的争端解决体系。

推行国际通行的良好监管实践规则。首先，在厘清政府与市场关系的同时，相关政府部门之间也要加强政策协调。为了降低政府部门之间规章制度冲突引致的交易成本，国家可以设立由海关、国检、税务、外汇、工商、国土、安全、环保等各部门负责人组成的政策协调委员会，提升中央与地方、自贸区与非自贸区法律、行政法规和部门规章之间兼容性，并负责"单一窗口"平台的运营和管理。其次，在不影响国家安全情况下，相关部门要提高政策制定透明度和公众参与度。国内政策制定要进一步加强对中小企业、利益相关人意见的收集，外资政策制定要提高跨国公司参与度，为中外企业创造公平、透明、法治的营商环境。再次，为了确保政策执行公正，我国还应进一

步加大反腐力度和提升政府采购透明度。我国要进一步强化政府采购监管体系改革，设立政府采购监管委员会，通过电子化立法、建立和完善政府采购电子化标准规范等措施，以确保政府采购过程的公平性和透明度。最后，我国还应探索建立健全监管影响评估制度。除了成本—收益分析法等传统量化分析工具以外，大数据相关的统计技术也应被广泛地应用于监管政策评估。

建立科学、高效和费用较低的争端解决体系。作为制度性开放新高地，中国自贸区可以充当国际贸易投资争端解决机制的试验田。首先，进一步完善投资者—国家争端解决机制。在借鉴发达国家相关经验基础上，自由贸易试验区可以向国家提议"量身定制"缔约方所遵守的协议条款；在国家尚未做出改变之前，自由贸易试验区可以尝试在合同条款中约定贸易投资协议的使用事项。同时，自由贸易试验区还可以借鉴美国双边投资协议范本中列出的不适用投资者—国家争端解决机制的例外条款，规定准入前国民待遇、最惠国待遇、国家根本安全、金融例外等条款不适用于投资者—国家争端解决机制。其次，申请设立真正与国际接轨的国际商事法庭。具体来说，自由贸易试验区可以借鉴新加坡国际商事法庭（SICC）的相关做法，按照高标准设立国际商事法庭，积极促进调解、仲裁和诉讼对接，综合利用大陆法系和英美法系优势，扩大《纽约公约》的适用并尝试撤销对公约的"互惠保留"，同时利用大陆法系中的程序规则解决国际商事仲裁耗时长、成本高等问题，公正、公平、专业、高效地解决贸易投资纠纷，共同建设国际商事纠纷解决的"中国主场"，提升国际化、市场化和法治化营商环境。

三 加强合作和能力建设，提升区域竞争优势

在互补性分工合作条件下，合作与能力建设是提升全球生产链生产力和竞争力的重要举措。我国应进一步推进商务便利化，降低中小企业国际化经营障碍，促进国内外竞争优势决定因素整合。

进一步提升商务便利化水平。在促进商务便利化和构建良好营商环境方面，自由贸易试验区可以参考世界银行发布的《营商环境报告》中所构建的指标体系，在办理施工许可证、获得电力、登记财产、获得信贷、保护少数投资者、纳税、跨国贸易、执行合同、办理破产等领域进一步提高效率，营造开放、透明、有效的营商环境。在加强信息沟通方面，国家发展改革委、商务部要及时倾听利益相关方诉求。与此同时，我国还应进一步增强市场在资源配置中的决定性作用，简政放权，提高政策透明度，及时对外传递最新信息和决策。在参与国际供应链建设方面，我国应着重在"一带一路"沿线统筹推进陆、海、空、网四位一体的设施联通，促进区域要素条件、需求条件、相关产业与辅助产业整合。此外，我国还应积极参与《区域全面经济伙伴关系协定》（RCEP）、《全面与进步跨太平洋伙伴关系协定》（CPTPP）等区域经济合作，在更大范围、更宽领域、更高层次上融入全球经济体系，利用自身政策优势引导企业战略、合作与竞争。

多渠道为中小企业提供营商便利。在信息服务方面，中国中小企业协会应借鉴CPTPP的相关做法，丰富和完善信息共享网站，及时、准确地为中小企业提供海关、知识产权、外国投资法规、工商登记程序等信息，帮助中小企业建立国际生产联系，为它们生产和服务国际化提供专业指导。在融资服务方面，我国金融机构应根据中小企业类

型和地域设计与之相适应的金融产品，同时推动跨境融资，利用发达国家金融创新能力，帮助中小企业解决融资难题和金融风险防范问题。在人才服务方面，针对中小企业国际业务拓展所需人才短缺问题，相关部门应帮助中小企业建立合理的福利制度和人事管理制度，改善中小企业工作环境，为中小企业留住国际化人才创造有利条件。

积极促进发展、合作与能力建设。首先，建立发展、合作与能力建设委员会并开展国际资源合作。我国可参考 CPTPP 中的相关做法，设立相对独立的发展、合作与能力建设委员会。该委员会主要负责组织国际合作与能力建设活动，审议并交流世界主要贸易投资伙伴在不同领域的发展建议和方案。同时，该机构积极推动我国同世界各国开展所需资源合作，从而弥补自身短板，促进社会经济高质量发展。其次，开展能力促进活动并加大对中小企业国际合作的援助。我国可参考 CPTPP 中相关做法，建立专家咨询制度，定期开展研讨会、讲习班或其他能力建设促进活动，为中小企业提供国际合作与能力建设的重要信息，尤其是加强同"一带一路"沿线国家贸易与投资合作，并考虑对参与国际合作的企业予以政策上的倾斜或者奖励。

四 树立社会责任意识，保护环境和劳工权益

全球生产网络贯穿了社会生活的各个方面，具有较强的社会属性。在全球生产网络下，环境保护是人类可持续发展的基础和前提，劳工权益保护是降低逆全球化冲击的重要举措，履行企业社会责任不但有利于全球生产网络稳定运行，而且是以人为本发展战略的内在要求。

积极促进环保商品和相关服务发展。在贸易便利化措施方面，我

国可以逐步消减新能源产品和服务关税税率，简化节能环保产品通关手续。在节能产品宣传推广方面，我国可以定期举办环保产品和技术论坛，设立全球环保产品和技术交易平台。政府、企业和家庭都应把绿色发展理念贯穿于日常生活工作中，在采购中要坚持绿色环保标准，在项目审批中要加强环境审核和环境影响评价。此外，我国还应在野生动植物贩运方面加强管制，出台更加健全的监管、预警和风险防范措施，同时加强与世界其他国家或地区的信息共享与合作。

进一步完善劳工权益保护执行机制。首先，完善劳工权益保护法规，确保劳工权益保护机构独立和公正。在劳工权益保护方面，CPTPP中的相关做法值得我们借鉴，中国自贸区可以在此方面先行先试。CPTPP要求设立一个独立而公正的机构，提供工会注册、认证、工人代表选举服务；设立一个独立的裁决劳资纠纷的劳动法院；设立一个注册、监督工会和与雇主集体谈判的独立实体。同时，在劳动法中规定，工会领导人选举是工会成员通过自由、秘密投票方式进行的；工会代表对雇主投诉是劳动法院通过无记名投票方式进行的。在劳动法规中赋予工人集体谈判的权利；禁止雇主支配或干涉工会活动，禁止雇主歧视或胁迫参加或支持工会活动的工人；禁止雇主拒绝与工会就工资、职业卫生等方面问题进行集体谈判。其次，确保工会与雇主谈判过程公开、公正和透明。在劳动法中规定，负责注册、监督工会和与雇主集体谈判的独立实体，应确保集体谈判合同是在工会成员自由、秘密投票中产生并获得大多数工会成员支持的，认真核查多数票支持的证据，例如文件（物理或电子的），并在适当情况下，直接咨询工会成员或现场检查。工会与雇主集体谈判合同生效后及时在网上公布，而且四年内至少修订一次。在劳动法中规定，负责组织和监督工会与雇主集体谈判的上述独立实体，有权对违反其命令的人采取适当的制裁措施；独立实体的所有决定均应向独立的劳动法院汇报，独立实体的官员若延迟、阻碍或影响任何注册程序的结果，无论有利于或不利于所涉当事方的，都将受到法律制裁。

五 加强事中和事后市场监管，确保国家安全

国际生产方式变革要求划清政府与市场边界，实行"准入前国民待遇＋负面清单"管理模式。但是，高标准贸易投资规则也可能给国家主权安全以及全球生产链带来意想不到的风险。因此，在加快制度型开放的同时，我国还应加强事中和事后市场监管，尤其是加大反垄断审查力度以确保竞争中性和技术标准公共产品属性。

利用例外条款和不符措施应对不合理的违约指控。虽然高标准国际贸易投资协议要求东道国政府更大程度地让渡国家经济主权，但同时也更加注重国家安全。高标准国际贸易投资协议不但规定国民待遇、最惠国待遇、业绩要求、高管等条款不适用于政府采购、补贴以及政府支持的贷款、担保和保险等，而且规定了根本安全例外、金融服务或税收例外以及其他普遍适用的例外条款等。虽然负面清单原则上只保护当前目录中列出的产业，而不保护未来可能出现的、负面清单之外的产业，但也通过未来不符措施预留了一定的空间。我国也可以采取"负面清单＋未来不符措施"做法，对于那些目前基础较差、但未来发展空间较大的新兴产业或敏感产业，或者可能反复进入或退出负面清单的产业，保留制定未来不符措施的权利。

发达国家经验表明，反垄断是阻止外资企业危害国家经济安全的一个重要手段。针对跨国公司为了垄断市场而实施的兼并收购，我国要及时启动反垄断审查，制止那些可能危及中国经济安全的跨国并购

行为。对于那些能够带来先进技术的跨国并购，我国可以在同一领域引入至少三家实力相当的跨国公司，运用"寡占反应"分散它们对中国市场控制，而且积极倡导技术标准的公共产品属性，加强对相互兼容的专利群及其技术标准的保护，尤其是加强中国企业参与技术标准制定的专利群的保护。[①]

◇◇第四节 结论性评论

近几年来，以美国为首的发达国家进行了新一轮国际贸易和投资规则调整。特别是自2018年特朗普政府执政以来，"美国优先"的政策导向加速了国际贸易投资规则重塑的进程。与此同时，中国也进入了以制度型开放为特征的改革开放新阶段。那么，发达国家所倡导的国际贸易投资新规则是否就是中国制度型开放的方向？

生产力与生产关系、经济基础与上层建筑之间的关系是我们理解社会政治经济运动规律的基石。本章从国际生产方式变革引致的制度需求与供给视角，探讨了国际贸易投资规则重塑问题。总体上来看，目前发达国家所倡导的国际贸易投资新规则基本上反映了国际生产发展的新趋势。新一轮国际贸易投资协议呈现出以下几个特征：政府管理模式创新被提高到一个新高度，条款执行机制被视为国际贸易投资规则的生命，合作与发展中国家能力建设比以往更受重视，坚持国家主权安全与外国投资者利益平衡，企业社会责任得到了应有的重视。但是，新一轮国际贸易投资规则没有充分重视全球生产网络中其他权

[①] 李国学：《从"以市场换技术"到"以制度促创新"——中美BIT框架下我国企业技术进步的新选择》，《国际经济合作》2014年第10期。

力主体在减少契约摩擦和国际贸易投资争端解决中的作用，全球生产链上技术标准公共产品属性也没有在协议中加以规定。

在借鉴发达国家经验基础上，我国应积极推行那些反映国际生产方式变革的贸易投资新规则。具体来说，我国应进一步创新政府管理模式，完善"准入前国民待遇＋负面清单"管理模式，健全《反垄断法》和行政垄断查处机制，大力推动国有企业改革；加强监管一致性，做到执法廉洁高效，积极推行国际上通行的良好监管实践规则，建立科学、高效和费用较低的争端解决体系；积极推进发展、合作与能力建设，进一步提升商务便利化水平，多渠道为中小企业营商提供便利；树立社会责任意识，积极促进环保商品和相关服务发展，改革工会制度，进一步完善劳工权益保护执行机制；加强事中和事后市场监管，确保国家主权安全，利用例外条款和不符措施应对不合理的违约指控，同时加强反垄断审查以确保竞争中性和技术标准公共产品属性。

参考文献

[美] 道格拉斯·C. 诺思:《经济史中的结构与变迁》,陈郁、罗华平等译,上海三联书店、上海人民出版社1994年版。

[美] 道格拉斯·C. 诺思:《制度、制度变迁与经济绩效》,刘守英译,上海三联书店1994年版。

[美] 凡勃伦:《有闲阶级论》,商务印书馆1964年中译本。

[美] 康芒斯:《制度经济学(上册)》,商务印书馆1962年中译本。

刘德学:《全球生产网络与加工贸易升级》,经济科学出版社2006年版。

[日] 青木昌彦:《比较制度分析》,周黎安译,上海远东出版社2001年版。

舒尔茨:《制度与人的经济价值的不断提高》,载科斯等著《财产权利与制度变迁——产权学派与新制度学派译文集》,上海三联书店1991年版。

白洁:《对外直接投资的逆向技术溢出效应——对中国全要素生产率影响的经验检验》,《世界经济研究》2009年第8期。

蔡冬青、刘厚俊:《中国OFDI反向技术溢出影响因素研究——基于东道国制度环境的视角》,《财经研究》2012年第5期。

岑丽君:《中国在全球生产网络中的分工与贸易地位——基于TiVA数

据与 GVC 指数的研究》，《国际贸易问题》2015 年第 1 期。

车丕照：《是"逆全球化"还是在重塑全球规则？》，《政法论丛》2019 年第 1 期。

程大中：《中国参与全球价值链分工的程度及演变趋势——基于跨国投入—产出分析》，《经济研究》2015 年第 9 期。

迟歌：《中国对外直接投资对全球价值链升级的影响研究——基于灰色关联理论的实证分析》，《工业技术经济》2018 年第 5 期。

戴翔：《制度型开放：中国新一轮高水平开放的理论逻辑与实现路径》，《国际贸易》2019 年第 3 期。

东艳：《全球贸易规则的发展趋势与中国的机遇》，《国际经济评论》2014 年第 1 期。

东艳：《制度摩擦、协调与制度型开放》，《华南师范大学学报》（社会科学版）2019 年第 2 期。

何祚宇、代谦：《上游度的再计算与全球价值链》，《中南财经政法大学学报》2016 年第 1 期。

李超、张诚：《中国对外直接投资与制造业全球价值链升级》，《经济问题探索》2017 年第 11 期。

李国学：《不完全契约、国家权力与对外直接投资保护》，《世界经济与政治》2018 年第 7 期。

李国学：《从"以市场换技术"到"以制度促创新"——中美 BIT 框架下我国企业技术进步的新选择》，《国际经济合作》2014 年第 10 期。

李国学：《贸易战的理论逻辑及其应对：全球生产网络视角》，《学海》2019 年第 5 期。

李国学：《外向 FDI、产业链延伸与我国产业结构升级》，《中国市场》

2012 年第 42 期。

李国学、东艳：《国际生产方式变革、国际经济规则重塑与制度型开放高地建设》，《学海》2020 年第 5 期。

李国学、何帆：《全球生产网络的性质》，《财经问题研究》2008 年第 9 期。

李国学、毛艳华：《跨境制度匹配与产业结构升级——发展中国家对外直接投资的一个理论解释》，《中央财经大学学报》2015 年第 6 期。

李国学、张宇燕：《资产专用性投资，全球生产网络与我国产业结构升级》，《世界经济研究》2010 年第 5 期。

李梅、柳士昌：《对外直接投资逆向技术溢出的地区差异和门槛效应——基于中国省际面板数据的门槛回归分析》，《管理世界》2012 年第 1 期。

李梅、柳士昌：《国际 R&D 溢出渠道的实证研究——来自中国省际面板的经验证据》，《世界经济研究》2011 年第 10 期。

李蕊：《跨国并购的技术寻求动因解析》，《世界经济》2003 年第 2 期。

林成杰、刘天善：《我国 FDI 和 OFDI 技术溢出效应的实证检验》，《技术经济》2011 年第 1 期。

刘斌、王杰、魏倩：《对外直接投资与价值链参与：分工地位与升级模式》，《数量经济技术经济研究》2015 年第 12 期。

刘明霞：《我国对外直接投资的逆向技术溢出效应——基于省际面板数据的实证分析》，《对外经济贸易大学学报》（国际商务版）2009 年第 4 期。

刘明霞：《中国对外直接投资的逆向技术溢出效应——基于技术差距

的影响分析》,《中南财经政法大学学报》2010 年第 3 期。

刘明霞、刘林青:《人力资本、技术差距与 OFDI 逆向技术溢出效应》,《中国地质大学学报》(社会科学版)2011 年第 5 期。

刘伟全:《我国 OFDI 母国技术进步效应研究——基于技术创新活动的投入产出视角》,《中国科技论坛》2010 年第 3 期。

刘志彪、张杰:《从融入全球价值链到构建国家价值链:中国产业升级的战略思考》,《学术月刊》2009 年第 9 期。

欧阳艳艳:《中国对外直接投资逆向技术溢出的境外地区分布差异性研究》,《华南农业大学学报》(社会科学版)2012 年第 1 期。

欧阳艳艳:《中国对外直接投资逆向技术溢出的影响因素分析》,《世界经济研究》2010 年第 4 期。

茹运青、孙本芝:《我国 OFDI 不同进入方式的逆向技术溢出分析——基于技术创新投入产出视角的实证检验》,《科技进步与对策》2012 年第 10 期。

沙文兵:《对外直接投资、逆向技术溢出与国内创新能力——基于中国省际面板数据的实证研究》,《世界经济研究》2012 年第 3 期。

苏长和:《共生型国际体系的可能——在一个多极世界中如何构建新型大国关系》,《世界经济与政治》2013 年第 9 期。

孙建中:《技术获取型对外直接投资的选择》,《生产力研究》2004 年第 8 期。

田涛:《华为的理念创新与制度创新》,《企业管理》2016 年第 3 期。

王杰、段瑞珍、孙学敏:《对外直接投资与中国企业的全球价值链升级》,《西安交通大学学报》(社会科学版)2019 年第 2 期。

王岚:《融入全球价值链对中国制造业国际分工地位的影响》,《统计研究》2014 年第 5 期。

王岚、李宏艳:《中国制造业融入全球价值链路径研究——嵌入位置和增值能力的视角》,《中国工业经济》2015 年第 2 期。

尹彦罡、李晓华:《中国制造业全球价值链地位研究》,《财经问题研究》2015 年第 11 期。

余海燕、沈桂龙:《对外直接投资对母国全球价值链地位影响的实证研究》,《世界经济研究》2020 年第 3 期。

余万里:《美国对华技术出口:管制及其限制》,《国际经济评论》2000 年第 4 期。

张晖明、丁娟:《论技术进步、技术跨越对产业结构调整的影响》,《复旦学报》(社会科学版) 2004 年第 3 期。

张婷婷、李政:《国际贸易发展与更高水平开放型经济新体制的构建》,《河南社会科学》2020 年第 2 期。

张小蒂、贾钰哲:《全球化中基于企业家创新的市场势力构建研究》,《中国工业经济》2011 年第 12 期。

赵继荣:《关于技术进步与产业结构关系的思考——兼析产业结构调整中存在的几种认识误区》,《求索》2000 年第 4 期。

赵伟、古广东、何元庆:《外向 FDI 与中国技术进步:机理分析与尝试性实证》,《管理世界》2006 年第 7 期。

赵伟、江东:《ODI 与中国产业升级:机理分析与尝试性实证》,《浙江大学学报》(人文社会科学版) 2010 年第 3 期。

周升起、兰珍先、付华:《中国制造业在全球价值链国际分工地位再考察——基于 Koopman 等的"GVC 地位指数"》,《国际贸易问题》2014 年第 2 期。

邹玉娟、陈漓高:《我国对外直接投资与技术提升的实证研究》,《世界经济研究》2008 年第 5 期。

龙晓蕾：《华为公司的国际化战略与其创新绩效关系的研究》，博士学位论文，首都经济贸易大学，2013年。

财政部、商务部：《对外经济技术合作专项资金管理办法》，http：//www.fdi.gov.cn/1800000121_23_64313_0_7.html。

财政部、税务总局：《关于完善企业境外所得税收抵免政策问题的通知》，http：//www.chinatax.gov.cn/n810341/n810755/c3001532/content.html。

国家发展和改革委员会：《关于加强对外经济合作领域信用体系建设的指导意见》，http：//www.mofcom.gov.cn/article/b/bf/201801/20180102701152.shtml。

国家发展和改革委员会：《境外投资项目核准和备案管理办法》，http：//www.gov.cn/foot/2014-04/11/content_2657256.htm。

国家发展和改革委员会：《境外投资项目核准暂行管理办法》，http：//www.gov.cn/gongbao/content/2005/content_64245.htm。

国家发展和改革委员会：《企业境外投资管理办法》，https：//www.ndrc.gov.cn/fggz/lywzjw/zcfg/201712/t20171226_1047050.html。

国家发展和改革委员会、国家开发银行：《关于进一步加强对境外投资重点项目融资支持有关问题的通知》，http：//www.fdi.gov.cn/1800000121_23_64721_0_7.html。

国家发展和改革委员会、商务部等：《民营企业境外投资经营行为规范》，https：//www.ndrc.gov.cn/fggz/lywzjw/zcfg/201712/t20171218_1047049.html。

国家发展和改革委员会、商务部、海关总署等：《关于鼓励和引导民营企业积极开展境外投资的实施意见》，https：//www.ndrc.gov.cn/fggz/lywzjw/zcfg/201207/t20120703_1046956.html。

国家发展和改革委员会、中国进出口银行：《关于对国家鼓励的境外投资重点项目给予信贷支持政策的通知》，http：//www. fdi. gov. cn/1800000121_23_65879_0_7. html。

国家开发银行、中国出口信用保险公司：《关于进一步加大对境外重点项目金融保险支持力度有关问题的通知》，http：//service. iinvest. org. cn/web/law/Law_Detail. aspx？nid = 225。

国家税务总局：《关于落实"一带一路"发展战略要求 做好税收服务与管理工作的通知》，http：//www. chinatax. gov. cn/n810341/n810755/c1575644/content. html。

国家税务总局：《关于做好我国企业境外投资税收服务与管理工作的意见》，http：//www. chinatax. gov. cn/n810219/n810744/n1671176/n1671186/c1706682/content. html。

国家外汇管理局：《关于调整部分境外投资外汇管理政策的通知》，http：//m. safe. gov. cn/safe/2006/0606/5527. html。

国家外汇管理局：《关于进一步改进和调整直接投资外汇管理政策的通知》，http：//www. safe. gov. cn/safe/2012/1121/5542. html。

国家外汇管理局：《境内机构境外直接投资外汇管理规定》，http：//www. safe. gov. cn/safe/2009/0713/5536. html。

国务院：《关于投资体制改革的决定》，http：//www. gov. cn/zhengce/content/2008 - 03/28/content_1387. htm。

华为：《华为创新与知识产权白皮书》，https：//www. huawei. com/cn/industry-insights/innovation/huawei-white-paper-on-innovation-and-intellectual-property。

商务部：《对外投资备案（核准）报告暂行办法》，http：//www. mofcom. gov. cn/article/i/jyjl/k/201801/20180102704125. shtml。

商务部：《规范对外投资合作领域竞争行为的规定》，http：//fec.mofcom.gov.cn/article/ywzn/qtzcfg/201512/20151201202655.shtml。

商务部：《境外投资管理办法》，http：//www.mofcom.gov.cn/aarticle/b/c/200903/20090306103210.html。

商务部、环境保护部：《对外投资合作环境保护指南》，http：//fec.mofcom.gov.cn/article/ywzn/dwtz/zcfg/201512/20151201202217.shtml。

习近平：《推进上海自贸区建设 加强和创新特大城市社会治理》，http：//cpc.people.com.cn/n/2014/0306/c64094 - 24541425.html。

新华社：《习近平对自由贸易试验区建设作出重要指示》，http：//www.gov.cn/xinwen/2018 - 10/24/content_5334153.htm#1。

中共中央、国务院：《关于新时代加快完善社会主义市场经济体制的意见》，http：//www.gov.cn/zhengce/2020 - 05/18/content_5512696.htm。

中共中央、国务院：《关于新时代加快完善社会主义市场经济体制的意见》，http：//www.gov.cn/zhengce/2020 - 05/18/content_5512696.htm。

Aghion, Philippe et al., "Competition and Innovation: An Inverted-U Relationship", *The Quarterly Journal of Economics*, Vol. 120, No. 2, 2005.

Almeida, Paul and Bruce Kogut, "Localization of Knowledge and the Mobility of Engineers in Regional Networks", *Management Science*, Vol. 45, No. 7, 1999.

Antràs, Pol et al., "Measuring the Upstreamness of Production and Trade Flows", *American Economic Review*, Vol. 102, No. 3, 2012.

Antràs, Pol and Davin Chor, "Organizing the Global Value Chain", *Econometrica*, Vol. 81, No. 6, 2013.

Bitzer, Jürgen and Monika Kerekes, "Does Foreign Direct Investment Transfer Technology Across Borders? New Evidence", *Economics Letters*, Vol. 100, No. 3, 2008.

Braconier, Henrik and Karolina Ekholm, "Foreign Direct Investment in Central and Eastern Europe: Employment Effects in the EU", Working Paper, No. 161, Centro Studi Luca d'Agliano, University of Milano, 2002.

Branstetter, Lee, "Is Foreign Direct Investment a Channel of Knowledge Spillovers? Evidence from Japan's FDI in the United States", *Journal of International Economics*, Vol. 68, No. 2, 2006.

Bresser, Rudi KF and Klemens Millonig, "Institutional Capital: Competitive Advantage in Light of the New Institutionalism in Organization Theory", *Schmalenbach Business Review*, Vol. 53, No. 3, 2003.

Coe, David T. and Elhanan Helpman, "International R&D Spillovers", *European Economic Review*, Vol. 39, No. 5, 1995. Potterie, Bruno Van Pottelsberghe De La and Frank Lichtenberg, "Does Foreign Direct Investment Transfer Technology Across Borders?", *Review of Economics and Statistics*, Vol. 83, No. 3, 2001.

Coe, Neil M., Peter Dicken and Martin Hess, "Global Production Networks: Realizing the Potential", *Journal of Economic Geography*, Vol. 8, No. 3, 2008.

Colin Clark, *The Conditions of Economic Progress*, London: Macmillan & Co. Ltd., 1940.

Driffield, Nigel and James H. Love, "Foreign Direct Investment, Technology Sourcing and Reverse Spillovers", *The Manchester School*, Vol. 71, No. 6, 2003.

Ernst, Dieter, *Global Production Networks and Industrial Upgrading: A Knowledge-Centered Approach*, No. 25, Honolulu: East-West Center, 2001.

Ernst, Dieter and Linsu Kim, "Global Production Networks, Knowledge Diffusion, and Local Capability Formation", *Research Policy*, Vol. 31, No. 8 – 9, 2002.

Essaji, Azim and Kinya Fujiwara, "Contracting Institutions and Product Quality", *Journal of Comparative Economics*, Vol. 40, No. 2, 2012.

Fally, Thibault, *Production Staging: Measurement and Facts*, Boulder, Colorado, University of Colorado Boulder, May, 2012.

Falzoni, Anna Maria and Mara Grasseni, *Home Country Effects of Investing Abroad: Evidence from Quantile Regressions*, No. 170, KITeS, Centre for Knowledge, Internationalization and Technology Studies, Universita' Bocconi, Milano, Italy, 2005.

Gereffi, Gary, "International Trade and Industrial Upgrading in the Apparel Commodity Chain", *Journal of International Economics*, Vol. 48, No. 1, 1999.

Griffith, Rachel, Rupert Harrison and John Van Reenen, "How Special Is the Special Relationship? Using the Impact of US R&D Spillovers on UK Firms as a Test of Technology Sourcing", *American Economic Review*, Vol. 96, No. 5, 2006.

Grossman, Gene M. and Esteban Rossi-Hansberg, "The Rise of Offshoring: It's Not Wine for Cloth Anymore", *The New Economic Geography: Effects and Policy Implications*, 2006.

Guellec, Dominique and Bruno Van Pottelsberghe De La Potterie, "R&D and Productivity Growth: Panel Data Analysis of 16 OECD Countries", *OECD Economic Studies*, 2002.

Henderson, Jeffrey et al. , "Global Production Networks and the Analysis of Economic Development", *Review of International Political Economy*, Vol. 9, No. 3, 2002.

Hsieh, Chang-Tai and Peter J. Klenow, "Misallocation and Manufacturing TFP in China and India", *The Quarterly Journal of Economics*, Vol. 124, No. 4, 2009.

Humphrey, John and Hubert Schmitz, *Governance and Upgrading: Linking Industrial Cluster and Global Value Chain Research*, Vol. 120, Brighton: Institute of Development Studies, 2000.

Jaffe, Adam B. , Manuel Trajtenberg and Rebecca Henderson, "Geographic Localization of Knowledge Spillovers as Evidenced by Patent Citations", *The Quarterly Journal of Economics*, Vol. 108, No. 3, 1993.

Kimura, Fukunari and Mitsuyo Ando, "Two-Dimensional Fragmentation in East Asia: Conceptual Framework and Empirics", *International Review of Economics & Finance*, Vol. 14, No. 3, 2005.

Kogut, Bruce and Sea Jin Chang, "Technological Capabilities and Japanese Foreign Direct Investment in the United States", *The Review of Economics and Statistics*, Vol. 73, No. 3, 1991.

Koopman, Robert et al. , *Give Credit Where Credit Is Due: Tracing Value Added in Global Production Chains*, No. w16426, National Bureau of Economic Research, 2010.

Kretschmer, Tobias, Eugenio J. Miravete and José C. Pernías, "Competitive Pressure and the Adoption of Complementary Innovations", *American Economic Review*, Vol. 102, No. 4, 2012.

Levchenko, Andrei A., "Institutional Quality and International Trade", *The Review of Economic Studies*, Vol. 74, No. 3, 2007.

Levin, Richard C. et al., "Appropriating the Returns from Industrial Research and Development", *Brookings Papers on Economic Activity*, 1987.

Luo, Yadong, Qiuzhi Xue and Binjie Han, "How Emerging Market Governments Promote outward FDI: Experience from China", *Journal of World Business*, Vol. 45, No. 1, 2010.

Ma, Yue, Baozhi Qu and Yifan Zhang, "Judicial Quality, Contract Intensity and Trade: Firm-Level Evidence from Developing and Transition Countries", *Journal of Comparative Economics*, Vol. 38, No. 2, 2010.

Mathews, John A., "Dragon Multinationals: New Players in 21st Century Globalization", *Asia Pacific Journal of Management*, Vol. 23, No. 1, 2006.

Moser, Petra, "How Do Patent Laws Influence Innovation? Evidence from Nineteenth-Century World's Fairs", *American Economic Review*, Vol. 94, No. 5, 2005, pp. 1214 – 1236.

OECD, "Guidelines on Corporate Governance of State-Owned Enterprises", 2015, https://www.oecd-ilibrary.org/docserver/9789264244160-en.pdf? expires = 1591713328&id = id&accname = guest&checksum = D53C28707D6FDC01400007ADCD8B16B0.

Peng, Mike W., Denis Y. L. Wang and Yi Jiang, "An Institution-Based View of International Business Strategy: A Focus on Emerging Economies", *Journal of International Business Studies*, Vol. 39, No. 5, 2008.

Peng, Mike W. and Andrew Delios, "What Determines the Scope of the Firm Over Time and Around the World? An Asia Pacific Perspective", *Asia Pacific Journal of Management*, Vol. 23, No. 4, 2006.

Porter, Michael E., "The Competitive Advantage of Nations", *Harvard Business Review*, Vol. 68, No. 2, 1990.

Potterie, Bruno Van Pottelsberghe De La and Frank Lichtenberg, "Does Foreign Direct Investment Transfer Technology Across Borders?", *Review of Economics and Statistics*, Vol. 83, No. 3, 2001.

Pradhan, Jaya Prakash and Neelam Singh, "Outward FDI and Knowledge Flows: A Study of the Indian Automotive Sector", *Institutions and Economies*, Vol. 1, No. 1, 2017.

Ramamurti, Ravi and Jitendra V. Singh, eds., *Emerging Multinationals in Emerging Markets*, Cambridge University Press, 2009.

Restuccia, Diego and Richard Rogerson, "Policy Distortions and Aggregate Productivity with Heterogeneous Establishments", *Review of Economic Dynamics*, Vol. 11, No. 4, 2008.

Romer, Paul M., "Endogenous Technological Change", *Journal of Political Economy*, Vol. 98, No. 5, Part 2, 1990.

Schwab, Klaus and Xavier Sala-i-Martin, "The Global Competitiveness Report 2014 – 2015", *World Economic Forum*, Vol. 549, 2014.

Serapio Jr, Manuel G. and Donald H. Dalton, "Globalization of Industrial

R&D: An Examination of Foreign Direct Investments in R&D in the United States", *Research Policy*, Vol. 28, No. 2-3, 1999.

Sun, Sunny Li et al., "A Comparative Ownership Advantage Framework for Cross-Border M&As: The Rise of Chinese and Indian MNEs", *Journal of World Business*, Vol. 47, No. 1, 2012.

Tabellini, Guido, "Culture and Institutions: Economic Development in the Regions of Europe", *Journal of the European Economic Association*, Vol. 8, No. 4, 2010.

Tang, Heiwai, "Labor Market Institutions, Firm-Specific Skills, and Trade Patterns", *Journal of International Economics*, Vol. 87, No. 2, 2012.

US, "Foreign Investment and National Security Act of 2007", https://www.congress.gov/110/plaws/publ49/PLAW-110publ49.pdf.

U. S. Department of State, "2012 U. S. Model Bilateral Investment Treaty", https://ustr.gov/sites/default/files/BIT%20text%20for%20ACIEP%20Meeting.pdf.

U. S. Department of State, "Agreement Between the United States of America, the United Mexican States, and Canada", https://ustr.gov/trade-agreements/free-trade-agreements/united-states-mexico-canada-agreement/agreement-between.

Vahter, Priit and Jaan Masso, "Home Versus Host Country Effects of FDI: Searching for New Evidence of Productivity Spillovers", *Applied Economics Quarterly*, Vol. 53, No. 2, 2007.

Wang, Zhi et al., *Characterizing Global Value Chains: Production Length and Upstreamness*, No. w23261, National Bureau of Economic Research, 2017.

Williamson, Oliver E., "Comparative Economic Organization: The Analysis of Discrete Structural Alternatives", *Administrative Science Quarterly*, Vol. 36, No. 2, 1991.

后　记

随着交通和通信技术发展，以及贸易和投资便利化措施不断推进，国际劳动分工从传统的产业间分工扩展到了产业内、产品内甚至工序内分工，最终形成了一张遍布全球的生产网络。产品内分工使原来通过跨国公司内部化消除的、与不完全契约和资产专用性投资相关的风险再次暴露出来，全球生产网络具有较强的制度依赖性。

在全球生产网络下，不同国家或地区的制度环境可能不同，不同生产阶段对制度要求也有所差异，在制度环境与全球生产链匹配过程中，不同国家在不同生产环节呈现出不同的比较优势，进而影响了各国在全球价值链中的地位。因此，营造高附加值生产环节所需要的制度环境，成为发展中国家价值链攀升和摆脱"中等收入陷阱"的重要途径之一。

对外直接投资在提升发展中国家高附加值生产环节与其所需制度环境匹配程度方面发挥着重要作用。一方面，通过跨境制度匹配，对外直接投资提升了发展中国家企业在高附加值环节持续创新的能力；另一方面，对外投资与国家利益战略互补性、东道国"合规性"要求，以及国际投资协议等也促使发展中国家制度环境不断改善。在这两种力量推动下，发展中国家高附加值生产环节与其所需制度环境匹配程度将日益提高，其在全球价值链上的地位也将不断攀升。

后记

笔者的上述理论构想得到了2015年国家社会科学基金项目资助，立项题目为"跨境制度匹配、对外直接投资与中国价值链升级"（项目编号：15BJL082），并于2020年圆满结项，评定等级为"良好"。根据五位匿名通讯评审专家的建议，笔者又对书稿进行了修改和完善。由于这是一项跨学科的创新性研究，再加上笔者水平有限，本书错误和遗漏难免，敬请各领域专家、学者和读者批评指正！

在本书出版之即，我想感谢中国社会科学院各位老师及其家人的帮助和支持。中国社会科学院世界经济与政治研究所张宇燕教授，不但教会我们运用制度经济学和国际政治经济学理论与方法研究问题，在百忙之中与笔者探讨课题难点问题，而且在出版方面给予了大力支持，并接受笔者邀请，欣然为本书作序；东艳研究员在政策分析方面提出了宝贵的建议；徐秀军研究员不但帮助解决了课题研究中国际政治经济学方面的疑难问题，而且还热心地帮忙联系出版事宜；科研处和财务处老师们在国家社科基金项目写作和结项过程中也提供了相应的支持和帮助。中国社会科学出版社黄晗老师认真细致的编辑工作，确保了本书得以及时出版。最后，我要感谢家人对我这些年来坐冷板凳、坚持基础理论研究的理解和支持。

李国学

2021年6月